Bibliothèque de Psychologie expérimentale et de Métapsychie

Directeur : RAYMOND MEUNIER

La « *Bibliothèque de Psychologie expérimentale et de Métapsychie* » s'adresse aux professeurs, aux médecins, aux étudiants et au public cultivé qu'elle renseignera sur les données acquises par la science contemporaine dans le domaine psychologique et psychique. Ces données sont aujourd'hui assez nombreuses et assez solidement établies pour qu'il ait pu paraître opportun de les faire connaître en dehors du monde encore restreint des travailleurs de laboratoire et des spécialistes. Ceux-ci trouveront d'ailleurs, parmi nos monographies, une série de mises au point utiles à leurs recherches et des exposés personnels de questions moins étudiées et plus théoriques. Nous pensons qu'ils porteront intérêt à cette nouvelle publication si nous en jugeons par l'accueil empressé qu'ils ont fait dès l'abord à notre projet.

Les volumes de notre collection se répartiront en trois groupes.

Le premier groupe constituera une série historique. Les diverses sciences psychologiques, encore qu'elles aient pris depuis un temps relativement court le caractère expérimental qui est celui

I

sous lequel nous nous proposons de les envisa-
ger spécialement, ont derrière elles un long passé.
Il est donc indispensable de les exposer, en quelque sorte « génétiquement ». Ce point de vue s'impose tout particulièrement pour certaines questions
qui de près ou de loin, se rattachent à ce que
les psychologues contemporains désignent sous
le nom de « métapsychie ». Les recherches occultes, les problèmes qu'ont englobés tour à tour la
magie, le spiritisme et la théosophie, du moins
dans la forme merveilleuse où l'imagination se
les représentait, exigent une interprétation historique.

Dans le second groupe seront traitées « les grandes questions psychologiques ». Par là nous entendons les problèmes d'un ordre général dont on
trouve l'exposé dans les Manuels de philosophie,
et que nous nous proposons d'étudier selon la
méthodologie scientifique à laquelle on doit le
renouvellement des sciences psychologiques.

Enfin notre troisième groupe, le plus important,
sera consacré à l'examen des problèmes spéciaux
de psychologie et de métapsychie. Par psychologie, nous entendons la psychologie normale, pathologique, ethnique et comparée. Quant à la métapsychie on sait que M. CHARLES RICHET a proposé au Congrès de Rome (1906) ce terme géné-
rique pour définir l'ensemble des phénomènes sur
lesquels les sciences psychologiques n'ont point
encore fourni des résultats concluants.

Ajoutons que certains volumes de la collection
pourront appartenir à deux de ces groupes ou
aux trois ensemble. Il s'agit donc plutôt ici d'indiquer les directions dans lesquelles nous nous

proposons de nous engager que de tracer dès maintenant un plan limitatif de chaque volume ou de circonscrire définitivement notre domaine.

En résumé l'ensemble de la collection formera une sorte d'*Essai synthétique sur l'ensemble des questions psychologiques et des problèmes qui s'y rattachent*. Notre but sera atteint si l'effort de compréhension psychologique qui caractérise notre époque s'y trouve exprimé.

Volumes parus :

I. — N. VASCHIDE, Directeur-adjoint du Laboratoire de Psychologie pathologique de l'Ecole des Hautes-Etudes. — **Les Hallucinations télépathiques.**

II. — Dr Marcel VIOLLET, Médecin des Asiles. — **Le Spiritisme dans ses rapports avec la Folie.**

III. — Dr A. MARIE, Médecin en chef de l'Asile de Villejuif, Directeur du Laboratoire de Psychologie pathologique de l'Ecole des Hautes-Etudes. — **L'Audition morbide.**

Sous presse :

Princesse LUBOMIRSKA. — **Les Préjugés sur la Folie,** avec une préface du Dr Jules VOISIN, Médecin en chef de la Salpêtrière.

N. VASCHIDE et Raymond MEUNIER. — **La Pathologie de l'Attention.**

Henry LAURES. — **Les Synesthésies.**

En préparation :

Professeur BAJÉNOFF (de Moscou). — **La Psychologie des Condamnés à mort.**

Dr ZIEM. — **Les Sommeils morbides.**

Raymond MEUNIER. — **Le Hachich.** *Essai sur la psychologie des Paradis éphémères.*

L'Abstraction chez les Enfants.

Dr A. MARIE. — **Précis de Psychiatrie.**

— **Psychologie ethnique.**

— **La Foule et les Héros.**

Mme Daria MARIE. — **Le Folklore russe et les Chants populaires.**

N. VASCHIDE. — **Le Sentiment musical chez les Aliénés.**

Dr Marcel VIOLLET. — **La Peur.**

— **La Satisfaction.**

— **La Joie.**

Dr Jules VOISIN. — **L'Enfance anormale.**

Alexandre ORESCO. — **Peuples oppresseurs et peuples opprimés.** *Essai de Psychologie sociale.*

LE SPIRITISME

DANS SES

RAPPORTS AVEC LA FOLIE

BIBLIOTHÈQUE DE PSYCHOLOGIE EXPÉRIMENTALE
ET DE MÉTAPSYCHIE

Directeur : RAYMOND MEUNIER

Le Spiritisme

dans ses

Rapports avec la Folie

Essai de Psychologie normale et pathologique

PAR

le Docteur Marcel VIOLLET

Médecin des Asiles

PARIS
LIBRAIRIE BLOUD ET Cⁱᵉ

1908

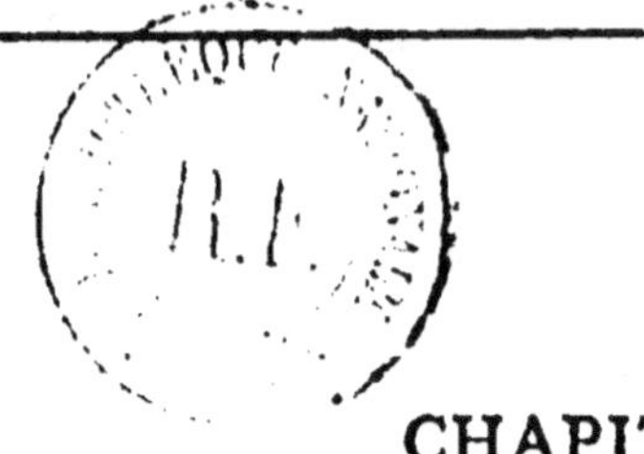

CHAPITRE ᵀ

Les spirites : normaux, prédisposés, fous

« On dit qu'il n'est fols que saiges », écrivait au seizième siècle, l'auteur de la *Satire Ménippée*; prétendant ainsi égaliser le jugement des hommes. Et, y réfléchissant, on serait tenté de n'y point contredire : petits que nous sommes dans l'immense univers, mais petits à ce point que nulle comparaison n'est même possible, il se peut que notre jugement à tous s'égalise pour qui la peut regarder de l'infinie sagesse. Nous pensons seulement avec, comme mesure de nos facultés mentales, l'arbitraire balance du bon sens, édifié par le consensus de nos esprits routiniers, et pourtant nous vivons entourés de faits extraordinaires, la plupart probablement insoupçonnés, et dont quelques-uns semblent seulement apparaître — depuis une soixantaine d'années — comme quelque chose de vague et d'imprécis.

Nous entendons ici parler du spiritisme. Des faits nouveaux étonnent, stupéfient, vont à l'encontre de ce que le consensus général, d'accord avec la physique, considérait comme les lois de la nature. Sous l'impulsion volontaire, d'essence inconnue d'ailleurs, d'un médium, des tables se soulèvent, des meubles très lourds entrent en danse, avec un profond mépris des lois de la pesanteur. Des coups sont distinctement frappés, soit par le pied de la table, soit dans la table même, soit dans l'air, et cela d'une façon suffisamment intelligente pour qu'un nouveau mode de langage se crée: la *typtologie*. Par cette typtologie, nous pouvons entrer en conversation avec... avec un X., diversement interprété..., qui fournit des réponses à nos questions. Cet X. nous peut aussi écrire, par divers procédés. Il peut même, fantômatiquement, se révéler, forme nuageuse de demi-transparence, suffisamment visible toutefois, pour que la photographie lui enlève toute apparence d'hallucination. Bref, il semble qu'un monde habituellement extérieur à nous, vienne, dans des circonstances appropriées, se matérialiser près de nous, faire partie de notre monde, pour un temps très court et profondément impressionnant.

Devant le spectacle de ces faits, les hommes réagissent diversement, selon leur génie propre, selon leurs instincts et leurs tendances. Les sceptiques se tirent d'affaire en niant en bloc, en dénigrant, en satirisant, en trouvant partout des machinations et des fraudes, en arguant du fait que certaines fraudes se sont produites pour en généraliser l'application courante. Public détestable pour les réunions spirites, ils s'efforcent de faire rater les expériences, triomphant de chaque échec comme du triomphe de leur cause, et oubliant volontairement combien nombreux sont, aux chaires magistrales de physique ou de chimie, les échecs analogues, qui n'empêchent pourtant ni la physique ni la chimie d'exister.

Les savants sérieux et chercheurs, qui, notables en d'autres sciences, sont pourvus de curiosité inlassable, s'efforcent d'appliquer au spiritisme les méthodes scientifiques, de remonter du fait à la cause du fait, de procéder, par observation et expériences, et de n'user de l'excellent moyen scientifique de l'hypothèse, qu'à condition que celle-ci puisse être confirmée par l'expérimentation. Leurs efforts, jusqu'ici, sont restés infructueux, si grands soient ces efforts, si habiles et érudits soient ces savants, si minutieuses soient ces observations, si judicieusement soient préparées ces expériences. Le sujet semble mal s'y prêter d'ailleurs ; Flammarion constate lui-même que les expériences sont difficiles à réaliser, les phénomènes spirites se produisant capricieusement, sans règle connue applicable, et le grand astronome, spirite convaincu, aboutit au *nescio quid*, la nature quant à de ces phénomènes.

D'autres spectateurs n'y aboutissent pas, eux. Incomparablement moins instruits, totalement démunis de méthodes scientifiques, ils sont, par contre, essentiellement des croyants. Un besoin impérieux de se faire une opinion les incline à expliquer l'inconnu par le mystérieux, à accorder une origine surnaturelle à ce qu'ils ne peuvent comprendre naturellement : ainsi ·l'antique Zeus, armait sa colère de la foudre, et Phœbus Apollon guidait sur la voûte sacrée le char éblouissant de l'astre du jour. Des anges de Swedenborg aux coques astrales et aux désincarnés spirites, toute la reconstitution hasardée des mythologies antiques reparaît, et des esprits plus portés à l'arbitraire des explications mythiques qu'au raisonné des explications scientifiques, peuplent à l'aventure les confins terrestres d'un monde de périsprits et chérubins dont aucune preuve n'est faite.

Assurément semblables hypothèses sont hasardées, mais — hormis les mathématiques, — quelle est la science qui ne hasarde rien. Cette hypothétique explication vaut peut-être ce que valent toutes les explications des phénomènes physiques qui, pour justes qu'elles nous paraissent, sont peut-être également distantes de l'absolue vérité. Au grand nivellement des jugements humains, véritable jugement dernier spirituel, leur opinion vaudra peut-être toutes les autres, quoique étayée seulement sur le sable mouvant de l'hypothèse.

En tout cas, cette opinion a pour avantage — ou

pour résultat — de séduire les masses, incomparablement plus que les recherches scientifiques. On
ne peut pas dire des néo-mystiques spirites qu'ils
prêchent dans le désert: les adeptes viennent à
eux plus qu'ils ne le désirent, peut-être. Le public
des réunions spirites a sa composition particulière. Sauf exceptions rares, ce n'est pas celui
qu'on voit aux cours de la Sorbonne. Il vient plutôt, directement ou indirectement, des églises dont
les tendances religieuses du temps présent le détournent et parce qu'il n'y trouve plus suffi-
santes complications mystérieuses et suffisante
fréquence de miracles. A la salle des réunions spirites, on voit des choses d'aspect miraculeux, —
parce qu'inexpliquées, — et l'atmosphère est mystérieuse, l'assistance entière vibrante de foi. La
mythologie qu'ont créée leurs prophètes devient
religion pour ces nombreux adeptes, croyants,
convaincus, entiers et inébranlables dans leur foi,
enclins à orienter leur vie d'après cette croyance
nouvelle.

Mais la vie s'oriente d'après tant de choses:
les besoins, les occupations journalières, le tran-
tran nécessaire, les chagrins et les joies; et ces
choses essentiellement personnelles: caractère,
affectivité, instincts, tempérament, nervosité, s'em-
mêlent, se démêlent, formant un tout complexe
avec ses actions et réactions particulières, et surtout ses nécessités impérieuses qui détournent
l'attention du mystère. La croyance nouvelle est
une chose surajoutée qui peut attacher l'esprit

quant l'estomac est satisfait, le cœur libre et le corps reposé, et qu'on a devant soi des instants pour y penser. Aussi son importance est-elle faible: celle d'une philosophie personnelle, de calme aspect, qui ne bouleverse la vie, ni le voisin, ni l'ordre social.

Et ainsi, depuis 1843, s'en va le monde, comptant le spiritisme comme une acquisition nouvelle, dont l'importance s'efface en présence de l'électricité, du moteur à pétrole, des rayons X, des ondes hertziennes, véritables facteurs d'évolution, précurseurs de révolutions. Les acquisitions nouvelles spirites, occupent des gens en nombre encore restreint, qui s'y intéressent l'esprit sans grand bruit, dans des salons sombres où l'on va comme au spectacle, à un spectacle dont on garde un fervent souvenir, et où l'on retourne.

*
* *

Pourtant, au milieu de ce public, il peut se glisser — et il s'est glissé — des personnes dont l'équilibre mental s'accommode mal de l'ambiance de tout ce mystère, de tous ces miracles, de toute cette philosophie mythique inquiétante. Des prédispositions héréditaires nerveuses pèsent sur ces cerveaux, les poussant dans la voie des psychoses dégénératives; il leur faudrait une hygiène mentale plus parfaite qu'à d'autres, dénuée, balayée de tous chagrins, de tous soucis, de toutes obsessions, de toutes angoisses, ainsi qu'il faut aux poumons faibles cet air dénué de tous germes pathogènes, de tout acide carbonique, de tout oxyde de carbone, qu'ils vont chercher dans la montagne. Ils auraient besoin de la plus simple des vies, plate et monotonisée même par une organisation, une discipline parfaite. Mais, justement, une curiosité comme malsaine les pousse vers toutes les causes de chagrins et d'angoisse, vers les affections les moins naturelles, comme vers les spectacles les plus inquiétants. A ce titre, ils sont fervents aux réunions spirites.

La prédisposition héréditaire se décèle chez eux par certains symptômes : les uns ont congénitalement un esprit faible, une intelligence débile. La vie est déjà, pour ceux-là, une chose compliquée, difficile, dont ils se sortent mal. Ils sont de volonté faible, instables dans leurs projets comme dans leur application, insoumis aux nécessités vitales et sociales, attristés, découragés, dégoûtés par la lutte pour la vie, avec un fond d'orgueil qui à chaque instant se ranime, cause une orientation nouvelle dans les projets, et se suit d'un nouveau découragement. Ils vont au spiritisme comme à une religion consolante, et y trouvent de nouveaux motifs d'anxiété et d'inquiétude, parce que la foi est, chez eux, plus rapidement intense et dévorante, parce que leur jugement faible ne permet pas qu'ils en discutent les éléments, et parce qu'autour de leur imagina-

tion s'échevèle la ronde des désincarnés menaçants et grimaçants.

Chez d'autres prédisposés, l'intelligence est plus
élevée, l'équilibre des facultés est plus intact et
plus stable. Mais le caractère est congénitalement
vicié. Il se marque par un mélange d'orgueil
et de susceptibilité, qui fait de ces personnes des
méfiants difficiles à vivre, s'entourant d'ennemis
plus que d'amis, rapidement capables de griefs
et de haines. Caractères fréquents! pour le malheur des leurs, et qu'on a, en psychiatrie, nom-
mé tempéraments paranoïaques. La vie leur est
difficile, à ceux-là, parce qu'ils ont au suprême
degré l'art de saper les appuis qu'autour d'eux
aurait pu établir l'amitié. Leur orgueil les
fait bien se flatter du « splendide isolement »
qui résulte de cet état de choses, mais 'l ne
les dispense pas de l'ennui. C'est l'ennui qui
les guide vers le spiritisme, dans ces salons sombres où l'on garde, avec l'incognito, intacts son
orgueil intime et sa susceptibilité à laquelle les
esprits n'insultent pas.

D'autres sont des scrupuleux et des tristes.
Il en entre beaucoup dans l'espèce des timides.
Peu confiants en eux-mêmes, persuadés d'ailleurs
de leur « nuisance » et de leur « indignité », ils
ont le regret immédiat de tous leurs actes et
de toutes leurs paroles. Ils préfèrent n'agir point
par crainte de faire du tort, ne parler point plutôt
que de paraître incivils ou indélicats. Ils craignent les réunions nombreuses, fuient le monde,

recherchent la solitude, adorent l'incognito. Ils passent pour des niais, mais ne le sont point, comme on peut s'en apercevoir dès qu'on est assez leur intime. Ils sont, en général, des chastes, par timidité, mais peuplent le monde des amoureux platoniques qui n'avouent pas leur flamme:

Et celle qui l'a fait n'en a jamais rien su.

Sentimentaux, point inintelligents, capables d'amitiés sincères, surtout si leur ami les domine, mais terrassés toujours par la crainte de mal dire ou mal faire, d'importuner ou dégoûter, glissant inaperçus et, comme dit La Bruyère, « crachant sur leurs chausses », ils viennent aux angles obscurs des salons assombris où les esprits s'évoquent, immobiles, silencieux, tranquilles seulement quand on ne les voit pas.

D'autres ont, comme signes de prédisposition héréditaire morbide, des stigmates névropathiques. Ces stigmates se rencontrent surtout chez les femmes: on les connaît dans le monde sous le nom de vapeurs, de crises de nerfs; dans la science, sous le nom d'absences, de crises larvées, de crises d'hystérie (terme qui semble bientôt avoir vécu); on y joint ces sensations de boule dite hystérique, qui remonte de l'estomac à la gorge et produit des sensations d'étouffement parfois poussées jusqu'à l'évanouissement, ces crampes musculaires et ces contractures passagères. On trouve également chez ces névropathes, des crises de somnambulisme spontané, et surtout aisément provoquables. A ce titre-là, ces personnes remplissent un rôle important dans les salons spirites où l'on pratique l'hypnotisme. Elles deviennent des *sujets*, réalisant, entre les mains des médiums, des expériences analogues à celles des somnambules extralucides ; ou spontanément, se révèlent médiums typteurs, écrivains ou parlants. La prédisposition aux accidents névropathiques, communément appelés hystériques, se révèle au cours de ces séances, et les organisateurs de séances spirites connaissent bien ces crises, autant qu'ils les redoutent. (Voir *la Survie*). De plus, ces névropathes ont un caractère particulier, fait d'instabilité dans les pensées, les opinions, les projets, du prurit de mentir, et du désir, parfois conscient, plus souvent subconscient, d'attirer l'attention sur elles. A ce titre, elles animent singulièrement une séance spirite, à laquelle elles donnent parfois, consciemment ou subconsciemment, une apparence frauduleuse.

Celles-ci, en avant, agissantes, militantes ; de l'avis de beaucoup énervantes et troublant l'assemblée sérieuse. Puis les « paranoïaques », consentant rârement à sortir de l'incognito que leur orgueil considère comme un piédestal et leur susceptibilité, comme un bouclier. Puis, au milieu de la foule, les débiles, armés de la foi du charbonnier, suivant le mouvement comme moutons de Panurge, encombrant une vie qui leur est déjà pénible, d'un amas de connaissances incomprises ou aveuglément acceptées jusqu'à leurs extrêmes conséquences. Puis, au fond, dans l'ombre, les tristes, les timides, les « scrupuleux », immobiles et muets, que la mélancolie morbide guette. Ces prédisposés parmi ces gens sains, ces savants chercheurs, ces enthousiastes raisonnés et intelligents; ces prédisposés qu'on rencontre partout ailleurs où il y a foule, mais qui viennent là se griser de mystère, comme d'un poison dangereux pour eux seuls.

*

* *

Ce n'est pas tout. Il y a encore avec eux des fous, des vrais fous. Les prédisposés sont sur la pente de la folie. Ceux dont nous voulons parler maintenant, sont arrivés au but. Si l'on ne s'en aperçoit pas dès l'abord, c'est que leur folie est tranquille, ou discrète, ou en rapport avec les opinions spirites, qu'ils ne font qu'exagérer. Les uns y apportent leur démence progressive, d'autres, leur affaiblissement intellectuel sénile. L'idée spirite cultive vite en ces terrains faibles que le délire guette, délire qui se ressentira des préoccupations spirites. D'autres, intoxiqués par diverses causes, alcool, morphine, haschich, cocaïne, éther, vont avoir, de par leur poison préféré, leur crise délirante; mais, spirites convaincus, ils déliront en spirites, poursuivis, persécutés par d'imaginaires désincarnés. D'autres sont des aliénés de longue date, mais des aliénés spirites. Leur délire est d'origine et de couleur spirite. Nous l'étudierons plus tard; qu'il nous suffise de dire maintenant que l'on retrouve ceux-là, non point mêlés à la foule, mais parmi les médiums, parmi les prophètes, les apôtres, les prédicants du spiritisme.

Autant que dans la vie de société, autant que partout où il y a foule, tous ces gens, sains, prédisposés ou cérébralement malades se coudoient dans les salons où l'on « fait » du spiritisme. Cela constitue un petit monde fermé, non qu'il n'ouvre pas ses portes et se cantonne dans un particularisme intransigeant, mais parce qu'il s'occupe de choses encore indifférentes à la majorité de la population. Parmi ces abstentionnistes les affaires, la vie complexe retiennent les uns, l'ignorance tient les autres à l'écart; les ouvriers, les artisans n'ont point de temps à employer à cette curiosité, ni d'ailleurs, le goût de cette curiosité. Parmi les gens instruits, les uns se moquent, sans bien savoir pourquoi, ni de quoi; d'autres disent «*peut-être*» distraitement, et retournent à des occupations plus pratiques; beaucoup disent: «Je ne sais pas, mais ça m'est bien égal.» Enfin, un petit, tout petit nombre de savants voient sortir des salons spirites des fous, les reçoivent dans les asiles, constatent leur maladie mentale et se disent: «Je ne sais pas bien ce qui se manigance par là, mais, vraiment, c'est bien inquiétant.»

CHAPITRE II

Les phénomènes spirites

Dans (¹) le salon préparé, au jour tamisé et
discret, la foule des assistants s'est rangée, «fols
et saiges» voisinant. Un médium, un grand médium est là. Son renom est universel; on se l'ar-
rache à prix d'or. C'est un honneur de l'avoir,
une joie inquiète et pleine d'appréhension, de le
voir. On est entre convaincus, hormis ces quelques visages que le septicisme fait sourire. Pas
de conversations, mêmes discrètes. Un silence
attentif. Les yeux vont du médium au guéridon
qui sera l'interprète de « l'esprit ». On voit des
personnes, des femmes surtout, déjà « énervées »,
crispées par l'attente, en proie à ces signes phy-

(1) Nous évoquons des souvenirs personnels en
faisant cette description, mais nous l'appuyons de tout
ce qu'a excellemment dit Camille Flammarion, spirite
convaincu. (*Les Forces naturelles inconnues*, « La
Revue », 1er et 15 novembre 1906).

siques: à ces frissons, ces fourmillements que donne l'émotion intense, de quelque ordre qu'elle soit. Et pourtant, rien n'est commencé. Qu'est-ce que ça va être tout à l'heure?

Mais quoi! Tout n'est-il pas, d'ores et déjà, émotionnant au possible, et n'est-ce pas une émotion suprême de se trouver au rebord de l'inconnu, dont on ne sait ce qu'il va apporter: dangers, terreurs, révélations. Si l'avenir, par lui-même, inquiète déjà, qu'est-ce donc que cet avenir si pro-he, si prometteur de mystères dont l'émouvant ₁ peut-être jusqu'à l'effarant, dont les consé- ʼnces peuvent être si graves, sinon au point ʼue de la vie, du moins au point de vue des ctions qu'on en pourra recueillir. Que mé- ce médium, et cette petite table de bois, simple, qui, tout à l'heure, va remuer, tressaillir, se lever, tourner et répondre, tandis que ses coups frappés retentiront dans le cœur, comme une nette et un peu pénible sensation. C'est, dès le début, que l'assistance est intéressante à voir, car, à la fin, l'émotion grandissante aura également « tendu les nerfs » de la salle tout entière; c'est dès le début qu'on peut voir se manifester le plus ou moins de «nervosité», donc de foi ardente jusqu'à se manifester physiquement, de chacun des assistants.

Or, le médium commence. Seul, ou à l'aide d'une ou deux personnes, il « impose les mains » au guéridon. Les doigts se touchent. Le cercle est suffisant. La table semble bruire. D'abord seuls les «officiants» en sentent les intimes tressaillements. Puis ceux-ci deviennent évidents pour tous, la table remue, glisse et se soulève.

« Le médium pose sa main sur celle d'une personne, et, de l'autre main, frappe, *dans l'air*, un, deux, trois ou quatre coups. Ces coups sont entendus *dans* la table, et on sent les vibrations en même temps qu'on les entend, coups secs qui font penser à des chocs électriques. Il va sans dire que les pieds du médium ne touchent pas ceux de la table, et en sont maintenus éloignés.

« Le médium pose, en même temps que nous, ses mains sur la table. Des coups se font entendre dans le meuble, plus fortement que dans le cas précédent.

« Ces coups, frappés dans la table, cette « typtologie » bien connue des spirites, a été souvent attribuée à des trucs quelconques; muscles craqueurs, agissements divers du médium. Après les études comparées que j'en ai faites, je me crois en droit d'affirmer que ce second fait n'est pas moins certain que le premier. On obtient ainsi, comme on le sait, des percussions frappées sur tous les rythmes, et des réponses à toutes les questions par des conventions simples, décidant, par exemple, que trois coups signifieront oui, que deux coups signifieront non, et qu'en lisant les lettres d'un alphabet, des mots pourront être dictés par des coups au moment où l'on nomme la lettre.

« Pendant nos expériences, pendant que nous

sommes assis autour de la table, demandant une communication qui n'aboutit pas, un fauteuil, placé à environ soixante centimètres du pied du médium (sur lequel j'ai posé mon pied pour être sûr qu'il ne peut s'en servir), un fauteuil, dis-je, se déplace et arrive en glissant jusqu'à nous. Je le repousse, il revient. Ce fauteuil est un pouf très lourd, mais pouvant facilement glisser sur le parquet. Ce fait s'est produit, le 29 mars dernier, et, de nouveau, le 5 avril. On l'obtiendrait en tirant avec une ficelle ou en allongeant suffisamment le pied. Mais il s'est produit cinq ou six fois, de lui-même, à un degré d'agitation assez intense pour faire sauter le fauteuil, qui finit par basculer et se renverser, sans que personne ait pu le toucher.

« Des rideaux, dont le médium est voisin, mais avec lesquels il ne peut être en contact, ni avec la main ni avec le pied, se gonflent dans toute leur longueur, comme soufflés par un vent de tempête. Je les ai vus, plusieurs fois, lancés sur la tête des spectateurs, et encapuchonner ces têtes.

« Tandis que je tiens une des mains d'Eusapia dans les miennes et qu'un astronome de mes amis tient son autre main, nous sommes touchés l'un et l'autre, sur le côté et sur les épaules, comme par une main invisible...

« ...Ces attouchements paraissent provenir d'une entité invisible et sont plutôt désagréables...

« Des coups se font entendre dans la table, ou bien, elle se meut, se soulève, retombe, frappe

du pied. Il se produit dans le bois, une espèce
de travail intérieur parfois assez violent pour le
briser. Le guéridon dont je me suis servi ici,
entre autre, a été disloqué et réparé plusieurs
fois... On interroge la table, par des signes de
convention et elle répond. Des phrases sont frappées, généralement banales et sans aucune valeur littéraire, scientifique ou philosophique. Mais
enfin, des mots sont frappés, des phrases sont dic-
tées... Parfois, les idées émises semblent venir
d'une personnalité étrangère, et l'hypothèse des
esprits se présente tout naturellement. Un mot
est commencé. On croit en deviner la fin. On
l'écrit pour ne pas perdre de temps; la table
riposte, s'agite, s'impatiente: ce n'est pas cela.
C'est un autre mot qui est dicté. Il y a donc
là un élément psychique que nous sommes obli-
gés de reconnaître, quelle que soit, d'ailleurs, sa
nature.

« Pendant les expériences, on voit parfois des
fantômes apparaître, des mains, des bras, une
tête, un buste, un être humain tout entier. J'ai
été témoin de ce fait, notamment le 27 juillet
1897, à Montfort-l'Amaury, M. de Fontenay ayant
déclaré qu'il apercevait une ombre au-dessus de
la table, entre lui et moi (nous nous faisions
face, contrôlant Eusapia, et lui tenant chacun
une main), et moi, ne voyant rien du tout, je lui
demandai de changer de place avec lui. Et alors,
j'aperçus aussi cette ombre, une tête d'homme
barbu, assez vaguement esquissée, qui passait

comme une silhouette, avançant et reculant devant une lanterne rouge posée sur un meuble. Je n'avais pas pu la voir de ma première place, parce que la lanterne était alors derrière moi, et que le fantôme était formé entre M. de Fontenay et moi. Comme cette silhouette noire restait assez vague, je demandai si je ne pourrais pas toucher cette barbe. Le médium répondit: Etendez la main. Alors, je sentis sur le dos de ma main, le frôlement d'une barbe fort douce...

« Les esprits ont parfois imprimé dans de la paraffine ou du mastic, l'empreinte de leur tête ou de leurs mains. » (¹)

Tous ces phénomènes extraordinaires se passent en notre présence, dans la salle qui s'assombrit de plus en plus, sur la prière expresse du médium. Pour se manifester à nous, les « esprits » se mettent à la portée de nos natures d'hommes, s'adressant à nos organes sensoriels, à notre vue, à notre ouïe. Tous ensemble, nous avons vu la table se lever, nous avons entendu les coups frappés par elle, en elle, ou dans l'air; nous nous sommes initiés à cette typtologie qui, par des réponses à nos questions, donnent à ces coups frappés, un sens intellectuel, la signification d'une pensée extérieure, qu'inductivement, nous appelons extra-terrestre. Nous avons attaché peu d'importance à la banalité des réponses faites, pour

(1) Nous tirons cette longue citation des *Forces naturelles inconnues*, de Flammarion. (« La Revue », 1er novembre 1906, page 32 et suivantes.)

nous intéresser surtout à l'étonnante et troublante « extériorité » qui nous les faisait, et si Victor Hugo nous a répondu comme Calino ou Voltaire à la manière de La Palice, nous avons moins été frappé par l'insanité grotesque ou la vulgarité de ces réponses que par ce que notre imagination nous faisait entrevoir de profondément angoissant dans ce phénomène de la « survie » de l'exilé de Guernesey ou du philosophe de Ferney. Ce n'est pas que les dires de la table soient attrayants, c'est qu'ils comportent un insondable mystère, et le « pré-scientifique » (2) du spiritisme intéresse moins que n'émotionne le surnaturel qui vient forcément s'y mêler.

Au fond, le fait en lui-même a peu d'importance, hors de son interprétation, si l'on envisage l'action qu'il peut avoir sur la genèse de nos émotions. Une fois que le public, ignorant, sait qu'une explication scientifique, qu'il ignore, a été donnée d'un fait, ce fait cesse de l'émouvoir. La foudre qui, autrefois, terrorisait des populations entières, n'agit plus que sur quelques « nervosités », laissant profondément indifférente la foule qui ignore tout de l'électricité, mais qui sait qu'on explique la foudre par un enchaînement de forces *naturelles*. Et pourtant, la foudre fait autant de victimes qu'autrefois. Le feu follet fait rire, lui qui a tant ému, et pourtant, combien de paysans qui le voient, savent-ils qu'il n'est qu'un gaz émané

(2) Grasset. *L'Occultisme*, 1907.

du marais voisin ? Nul ne s'émotionne en voyant les rayons X fonctionner. Quand un bateleur forain fait passer dans une ronde de paysans un courant électrique, ceux-ci s'ébrouent et rient. Et il n'est aucun ignare des fonds de la Corrèze qui s'émotionne aujourd'hui, quand passe sur la route, une voiture « sans chevaux » conduite par un animal poilu. La science n'émeut pas, le « préscientifique » n'émeut et ne bouleverse qu'en raison de l'interprétation surnaturelle donnée habituellement à ces faits. On conviendra pourtant que ce fantôme qui paraît est, pour un fait, assez émouvant par lui-même, et que cette apparition étrange peut influer sur les individus prédisposés aux hallucinations.

Toutefois, jusqu'à présent, tous les faits qui se sont passés sont « extérieurs » aux assistants. Voici que le médium tente un autre ordre d'extériorisations... j'allais dire d'expériences.

Le médium réalise le phénomène de l'« automatisme graphique ». Plus vif que la typtologie, l'automatisme graphique permet une plus rapide consultation des « esprits ». Soit par l'intermédiaire d'une planchette roulante, soit directement, avec la main écrivant comme d'habitude, « l'écrivain spirite » écrit sous la dictée des esprits, sans que sa pensée intervienne pour former les lettres et les mots qu'il écrit. « On se trouve alors dans l'état spécial de « médiumnité ». On n'est ni magnétisé, ni hypnotisé, ni endormi d'aucune façon ; mais notre cerveau ne reste pas étranger à ce que nous produisons, ses cellules fonctionnent et agissent, sans doute par un mouvement réflexe, sur les nerfs moteurs. » (1) En langage psychologique, le phénomène est psychique, mais il n'est pas intellectuel. Il y a là une ébauche de dédoublement de la personnalité, et cet automatisme graphique, que nous voyons ici se produire sous l'influence de l'ébranlement mental consécutif à l'émotion, nous le voyons ailleurs se produire de même, chez des aliénés hallucinés ou déments, lorsque chaque centre fonctionnel agit isolément, pour son propre compte.

Ce dédoublement de la personnalité se réalise encore d'une façon bien plus complète, lorsque, au lieu d'écrire par la main, l'*esprit* parle par la bouche du médium. Ce nouveau phénomène apparaît en dehors de tout somnambulisme provoqué ou spontané. L'ébranlement mental est encore plus marqué, les muscles de la parole étant moins habitués à se mouvoir en dehors de la volonté, que les muscles de l'écriture. (En effet, une sorte d'automatisme de l'écriture survient chez les personnes qui écrivent beaucoup, lorsque ces personnes copient quelque chose.) Le phénomène est également psychique, et non intellectuel. On en trouve également des exemples dans les maladies mentales, chez les aliénés atteints d'*hallucinations motrices verbales.*

(1) Flammarion, loc. cit. p. 189.

Enfin le dédoublement de la personnalité peut être complet, entier. L'*esprit* habite complètement le médium, écrit par sa main, parle par sa bouche, anime son visage de sa mimique et de ses sourires, oriente ses gestes. Une transformation complète se produit: l'attitude diffère totalement de ce qu'elle était d'habitude, l'écriture n'est point semblable, la voix elle-même semble changée, les regards ont une expression inaccoutumée. Cela se produit, non seulement en l'état d'hypnose, mais même en dehors de tout sommeil, et ici, l'ébranlement mental est à son comble. La fatigue du médium, après son « incarnation » est très grande, et indique tout le danger qu'il y a à produire de pareils phénomènes, d'ailleurs rares. Semblable « dépersonnalisation » existe aussi chez certains aliénés, parfois momentanément, parfois pour un temps fort long (Félida d'Azam), parfois jusqu'à la fin (et il s'agit, bien entendu, toujours de maladie mentale chronique dans ce dernier cas).

Tels sont les phénomènes spirites les plus notoires. Comme faits, ils sont étranges et sortent de l'ordinaire, ils sont bien de nature à frapper l'imagination s'ils sont insuffisants pour émouvoir en dehors de leur interprétation surnaturelle. Les premiers s'adressent aux sens, les seconds à des muscles fonctionnellement unis entre eux. Aux premiers, le fait qu'ils sont vus et ouïs de toute une assistance, enlève l'apparence d'hallucinations; aux seconds, cette apparence reste entière (¹). Mais si les premiers semblent ne pas être des hallucinations — hallucination collecti e constitue un assemblage de mots voisin, jusqu'à plus ample informé, de la stupidité, — il n'en existe pas moins une analogie entre eux et des hallucinations. Qu'est-ce qu'une hallucination ? Une sensation sans objet. Qu'est-ce qu'un phénomène spirite du premier genre? Une sensation avec objet, mais avec objet d'origine, d'essence, de nature inconnue. Qu'est-ce qui cause une hallucination ? l'automatisme d'un centre (visuel ou auditif) qui extériorise son activité (visions, sons.). Qu'est-ce qui cause un phénomène spirite? un X., diversement interprété, mais dont l'action influence les centres d'une autre manière que les faits naturels, d'une manière telle (du moins pour les apparitions fantomatiques) que l'imagination est obligée d'intervenir pour supposer à ces fantômes une étendue qui les fait percevoir autrement qu'inscrits sur un plan vertical. Et cette épaisseur que

(1) La première méthode (écriture par la main) était la seule employée à la Société des Études spirites, présidées par Allan Kardec. C'est celle qui laisse la marge au plus grand doute. Et, en fait, au bout de deux années d'exercices de ce genre, que j'avais aussi variés que possible, sans aucune idée préconçue pour ou contre, et avec le plus vif désir d'arriver à démêler les causes, — le résultat a été de conclure définitivement que les signatures de ces pages ne sont pas authentiques, et que, par suite d'un procédé cérébral à étudier, nous en sommes nous mêmes les auteurs plus ou moins conscients. Flammarion, loc. cit. p. 190.

l'imagination *fait voir*, n'est-elle pas vraiment de nature hallucinatoire?

En tout cas, d'une façon évidente et certaine, pareilles auditions et visions sollicitent l'automatisme des centres sensoriels de la vue et de l'ouïe. Le fantôme, les coups frappés dans l'air et dans la table, exigent, pour être perçus, une attention soutenue de l'oreille et de l'œil et par conséquent, de leurs centres cérébraux. Dans la vie ordinaire, l'homme ou le paysage qu'on regarde, n'apparaissent pas surgissant d'une trappe : il y a préparation, il y a progression dans la sensation depuis le moment où l'on aperçoit jusqu'au moment où l'on distingue. De même, le bruit, le son s'expliquent par la cause qui les fait naître, et sur lesquels la vue ou le raisonnement fournissent des données. Le phénomène spirite, au contraire, apparaît brusquement, sans transition, sans progression, sans préparation, sans explication naturelle, et c'est bien ainsi également qu'apparaît l'hallucination.

C'est là le gros point commun entre le phénomène spirite et l'hallucination. C'est ce qui explique aussi que celle-ci peut découler de celle-là. Il faut, bien entendu, des prédispositions pour que cet enchaînement se fasse. Mais n'avons-nous pas vu le salon spirite contenir des prédisposés, au même titre que n'importe quel temple, que n'importe quelle salle de spectacle, que n'importe quel endroit où il y a foule? L'idéal, pour les assistants d'une séance de spiritisme, n'est-il pas de réaliser par soi-même, les phénomènes réalisés par le médium, et le désir de tous ces croyants, n'est-il pas d'entrer par un moyen quelconque, en rapport avec les esprits, c'est-à-dire de devenir médium typteur, auditif, visuel, graphique, dessinateur, verbal? Et tous ne vont-ils pas tendre leurs efforts vers la sollicitation de l'automatisme de leur centre et ainsi, de l'hallucination révélatrice? Le danger du phénomène spirite réside donc dans ce fait qu'il tend à produire l'automatisme des centres chez tous les assistants, et qu'il le produit réellement, suivi de son corollaire, l'hallucination, chez les prédisposés. Nous voulons voir maintenant ce qu'est — ou que sont — les doctrines spirites, et les dangers qu'elles comportent.

CHAPITRE III

La doctrine spirite

Tandis que les yeux voient et que les oreilles
entendent, l'esprit travaille et interprète. Le spectacle est curieux, extraordinaire, l'esprit qui y ré-
fléchit, se sent poussé vers des interprétations
extraordinaires. Là où le sceptique voit frau -
des et machinations, et où le savant curieux
cherche les données du problème pour les résoudre scientifiquement, la foule fait intervenir le
surnaturel, explication simpliste, bien à sa portée. Encore y a-t-il un peuplement de ce surnaturel spécial à diverses écoles, qui, en présence
de même faits, interprètent différemment, selon
qu'elles suivent Swendenborg, ou Papus et les oc-
cultistes, ou les théosophes, ou Crookes, ou Maxwell. Chacun est libre, d'ailleurs, de tirer de ces
faits une philosophie personnelle, et il n'est point

de dogmes spirites dont la discussion entraîne l'excommunication. Mais peu des assistants sont assez imaginatifs pour ne pas préférer l'adoption de la doctrine, et, puisque c'est du spiritisme que nous parlons, c'est la doctrine spirite seule que nous étudierons.

C'est une doctrine spiritualiste. Les spirites estiment que l'âme a une existence complète et indépendante; après la mort, elle abandonne le corps, et les vivants sont ainsi entourés d'esprits qui, pendant leur vie, étaient attachés au corps par une substance éthérée, désignée sous le nom de *périsprit*. Pour eux, l'être humain se compose de sept principes d'immatérialité relative les uns sur les autres, dont l'un d'entre eux, le quatrième, intermédiaire entre la substance physique et la substance psychique, se rattache à l'une par le troisième principe (vitalité) dont il est en même temps l'âme, pour ainsi parler, et, à l'autre, par le cinquième (intelligence), dont il est la matière génératrice. C'est ce quatrième principe que les spirites appellent périsprit.

Au moment de la mort, chacune des portions dissociées retourne à l'élément auquel il appartient, pour y évoluer selon des lois rigoureusement symétriques; le corps physique ou inconscient inférieur, à la terre, le périsprit dans le monde astral, l'âme ou inconscient supérieur ou plan divin. Le périsprit tient, nous l'avons dit, du corps et de l'âme, d'une essence plus affinée que le premier, plus grossière que la seconde.

Il est, censément, une âme embryonnaire, une âme élémentaire, ce qui définit suffisamment l'appellation d'élémentaire par laquelle on désigne encore l'être désincarné, la partie étant prise pour le tout avec quelque abus de langage.

Il suit de là que, quand les spirites parlent d'évoquer un esprit, ils n'entendent point agir sur l'âme, sur les principes plus élevés de l'être, qui, d'ailleurs, l'ont dominé durant sa vie, plutôt qu'ils n'étaient incarnés en lui, qui constituent son idéal, c'est-à-dire le reflet en lui de la divinité: principes impersonnels, pourtant directeurs de sa personnalité à travers ses multiples incarnations. Ils prétendent ramener dans notre corps son périsprit, alors dégagé de la matière qui l'emprisonnait, et ne possédant guère du défunt, que les instincts et la mémoire des choses terrestres.

Mais le périsprit ne perdure pas dans le monde astral. Outre ses incarnations momentanées dans le corps du médium, il se réincarne à nouveau; il renaît dans un autre corps spécialement préposé pour son œuvre. C'est le retour aux théories pythagoriciennes: plusieurs existences successives du même périsprit qui doit, avant d'arriver à la perfection suprême, parcourir de nombreuses carrières qui comprennent, chacune, l'incarnation, la croissance et la désincarnation, soit la naissance, la vie et la mort.

Dieu, être suprême, source éternelle de vie, est force, intelligence et amour, cause de toutes

choses et de tous les êtres, éternel infini et ab-
solu. La force divine, somme totale des vibrations nécessaires au fonctionnement de l'univers,
est source intense de chaleur et de lumière, source
du fluide universel. C'est vers lui que remontent
les principes de l'inconscient supérieur, et nulle
action médiumnique n'est capable de les en dé-
tourner.

De fait, le médium n'est pas autre chose qu'une
machine à dégager du périsprit, et ce périsprit
sert d'intermédiaire aux volontés invisibles que
charrie l'atmosphère astrale, qui désirent et savent
s'en emparer.

Telle est donc la doctrine spirite, issue des
faits spirites dont elle est l'explication, non point
doctrine absolument nouvelle, mais conçue par
un esprit éclectique qui prit çà et là, les éléments
de sa doctrine, puisant dans les religions les
plus diverses, dans la philosophie pythagori-
cienne, dans les anciennes magies, dans Swendenborg et dans Mesmer. Telle qu'elle est, elle peuple l'univers d'une série de périsprits en peine,
n'ayant rien conservé de leurs « principes de
plan divin », réduits à des instincts et à la mémoire, qualité intellectuelle inférieure. L'idée de
cet entourage constant est assez troublante en
elle-même, surtout du fait de sa participation
possible et volontaire à la vie terrestre. Quel est
leur pouvoir à ces esprits, dont les seules actions
perceptibles — au cours des séances spirites —
sont d'apparence tout à fait mystérieuse et mira-

culeuse? Où s'arrête-t-il, ce pouvoir assez grand,
assez surnaturel, pour leur permettre non pas seulement d'apparaître comme des vapeurs, mais
même de matérialiser tout ou partie de leur apparence, — capables, en termes spirites, de recon-
quérir tout ou partie de leur inconscient inférieur, — jusqu'à ce qu'il soit sensible au toucher ou puisse s'imprimer dans une substance
molle? Où s'arrête-t-il, ce pouvoir sur nous, qui
leur permet non seulement de se faire comprendre à nos intelligences, mais encore de pé-
nétrer dans notre corps jusqu'à écrire par notre
main, parler par notre bouche, et même s'emparer
si bien de tout notre être, que nous ne savons
plus ce qui est à eux et ce qui est à nous. Emou-
vante et angoissante présence autour de nous
de pouvoirs peut-être illimités, dont on ignore
les intentions bonnes ou mauvaises, dont on ne sait
s'ils sont des anges gardiens ou des esprits du
mal, alors qu'ils peuvent si bien s'emparer de
nous que nos actions deviennent les leurs, soit
qu'ils les fassent par nos muscles et nos membres,
soit qu'ils ordonnent impérieusement à nos cerveaux de les faire. Troublant mystère de ces
périsprits qui ont peut-être, sans que nous le
sachions, sans que nous le méritions, des griefs
contre nous, et qui peuvent employer contre nous
les loisirs de leur puissance inconnue et, par là,
illimitée. Et n'est-il pas aussi lancinant de penser à notre absolue faiblesse à leur égard à
eux, qui savent tout de nous, qui peuvent tout

contre nous, alors que nous ne savons rien d'eux, et que nul est notre pouvoir sur eux.

Seule, d'ailleurs, l'hypothèse a conçu et construit cette doctrine et l'hypothèse est d'une substance infiniment extensible dans tous les sens. Elle n'offre aux esprits qui y pensent nulle barrière à laquelle ils se puissent arrêter; sur sa route infinie, nul point d'appui ne peut retenir l'esprit qui chancelle et qui tombe. Nulle peut être l'action de l'intelligence du plus sain et du plus érudit des spirites sur l'intelligence de tel autre qui veut aller au delà ou rester en deçà. Aucun des arguments qu'il fournit n'est inrétorquable. Inlassablement le mystère ouvre la porte à d'autres possibilités également mystérieuses, et l'infini qu'il permet est affolant pour les gens « finis » que nous sommes.

Hypothétique dans son essence, se basant sur des faits miraculeux, et au moins sur un point d'apparence hallucinatoire, la doctrine spirite n'est pas différente de tel délire analogue ou connexe. Qu'est-ce que le délire? Une idée fausse ou faussée, soit par son point de départ, soit par sa nature, soit par les conséquences qu'on en tire: exemples: l'homme qui se croit déshonoré, sans qu'aucun acte de sa vie antérieure puisse réellement conduire au déshonneur; l'homme qui se croit transformé en beurre et qui s'éloigne du feu par crainte de fondre (Régis); l'homme qui se croit inspiré de Dieu et en induit qu'il a le pouvoir de faire des miracles, etc... Quelles sont les origines du délire? Soit une interprétation erronée de faits exacts (délirés d'inférence), soit une perception immédiate (délires hallucinatoires), etc... Qu'est-ce donc que la doctrine spirite? Une interprétation sinon erronée — qui pourrait le dire en toute assurance? — du moins purement hypothétique, de faits qui ne sont exacts que par le consensus des assistants, et qui ont, assurément, de « para-hallucinatoire », la brusquerie d'apparition, sans que rien ne les amène, ne les prépare, ni ne les applique naturellement.

Or, sur quoi se baser pour affirmer à l'incrédule qui voudrait le croire, que la doctrine spirite n'est pas un délire?

La réalité des faits spirites, dont se porte garant le témoignage des sens de toute l'assistance? Ne sommes-nous pas habitués à voir les délirants hallucinés non seulement croire à la réalité de leurs hallucinations, mais encore être persuadés qu'elles sont perçues par tout le monde: « Ce que me disent mes persécuteurs, — nous répond couramment le persécuté halluciné, — mais vous le savez aussi bien que moi. » Il est persuadé de l'objectivité de ses sensations morbides, et admet d'autant moins qu'on discute son délire, qu'il vous croit capable, comme lui, de percevoir les faits qui en constituent la base.

Le consentement général — ou presque — des assistants touchant les dogmes et la doctrine? Mais le délirant, ne proteste-t-il pas, ne s'encolère-t-il pas lorsqu'on ne croit pas à son délire ? Ne tire-t-il pas de son esprit des preuves qu'il considère comme inattaquables ? Tout ne lui semble-t-il pas logique entre le point de départ et le point d'arrivée, et dans certains cas, la logique de son raisonnement n'est-elle pas inattaquable, hormis les prémisses fausses ou la conclusion erronée, et, par la rectitude indiscutable de ses déductions, la tenue de son délire n'est-elle pas plus consistante, plus serrée, mieux construite, en un mot, plus vraisemblable que bien des opinions, bien des doctrines, et en particulier, que la doctrine spirite ?

Mais, je l'affirme ici, l'incrédule dont je parle, et qui veut croire que la doctrine spirite est un délire, ce n'est pas moi. Philosophiquement, je n'oserais pas, persuadé que je suis de la fragilité des connaissances humaines, toutes vraisemblablement égales en « vanité » au regard de l'Infinie Sagesse. Egalement, comme médecin aliéniste, je ne le dis pas, car l'origine en tous points arbitraire du délire différencie celui-ci de cette doctrine qui prend au moins son point de départ dans le « fini » humain, et qui s'ordonne, non point arbitrairement, mais avec le concours judicieusement éclectique de connaissances antérieures et de doctrines antérieures religieuses et philosophiques. Enfin, logiquement, il me serait impossible de considérer la doctrine spirite comme un délire, sans aussitôt considérer comme délires toutes les religions et philosophies qui contribuent à la former, et, par extension naturelle, toutes religions, toutes philosophies, toutes opinions humaines.

Ainsi, je ne dis pas : la doctrine spirite est un délire. Je dis : il entre dans la constitution de la doctrine spirite des éléments analogues à ceux qui entrent dans la constitution du délire : son origine dans des faits miraculeux, son ordonnancement purement hypothétique. Elle ouvre large champ à toutes les déductions, à toutes les hypothèses, elle n'est bornée par rien, elle est l'infini proposé comme problème à résoudre au fini ; à ce point de vue, elle constitue un vaste bouillon de culture pour tous les errements, pour toutes les déséquilibrations, pour toutes les folies.

*

* *

Ainsi donc, comme on pouvait le prévoir d'après ce qui précède, il y a des cas de folie spirite. Nous allons actuellement en faire l'étude systématique.

CHAPITRE IV

Les folies spirites — Classification — Mediumnopathies et médiumnomanies — Mélancolie

Voici une maladie: la fièvre typhoïde. Elle est toujours due à la présence dans l'organisme humain d'un microbe: le bacille d'Eberth. Ce bacille produit toujours les mêmes lésions au niveau de l'intestin, et sécrète toujours les mêmes toxines ou poisons. Pourtant, la fièvre typhoïde évolue différemment selon qu'elle se développe chez un individu robuste ou débilité, chez un jeune homme ou chez un vieillard, chez un alcoolique ou chez un sobre. Les symptômes diffèrent, et le pronostic se ressent de l'état du « terrain » où la maladie se développe. Ainsi, pour toutes les maladies générales: leur évolution, leur « physionomie », leur durée, leur pronostic diffèrent selon l'état des personnes qui en sont atteintes.

Il en est de même pour les maladies mentales.
On en connaît un certain nombre, possédant des
caractères propres de début, de nature, de durée, de terminaison. Mais la situation de l'homme
qui en est atteint, son tempérament, son caractère,
ses croyances ont une importance remarquable
sur la « physionomie » de la maladie. Ce « terrain mental », particulier à chacun, donne à la
maladie sa « couleur délirante ». L'antisémite sera
persécuté par les juifs, le catholique dévôt, par
le diable, le libre penseur par les jésuites, le petit bourgeois tranquille par les apaches, etc...
Le moyen âge fervent et pieux a été l'époque des
délires mystiques, des persécutions diaboliques
et des hallucinations d'origine divine.

De même pour le spiritisme : il n'y a pas *une*
folie spirite, ni *des* folies spirites, il y a des
folies à teinte spirite.

De ces folies, on peut faire deux catégories :
les premières évoluent chez des individus prédisposés, qui ont fait leur crise délirante sous l'em-
pire de préoccupations spirites ; ce sont ceux dont
nous parlons dans le premier chapitre.

Les autres auraient évolué en l'absence de tout
spiritisme, et l'on peut dire que le spiritisme
n'entre pour rien dans leur genèse et leur évolution. Il se contente de donner *sa* couleur spéciale au délire.

Dans la première catégorie nous rangerons :
Les délires spirites polymorphes des débiles ;
Les délires spirites des dégénérés ;

Les délires spirites chroniques à évolution systématique;

Les délires spirites épisodiques des « névropathes »;

Certaines mélancolies spirites.

(Tous ces délires, sauf les délires chroniques à évolution systématique, pouvant évoluer avec ou sans hallucination.)

Dans la seconde catégorie, nous mettrons:

La démence précoce avec teinte spirite;

Les folies toxiques avec teinte spirite des hallucinations;

La paralysie générale avec délire de teinte spirite;

La folie maniaque dépressive avec teinte spirite des idées délirantes;

L'affaiblissement intellectuel sénile avec teinte spirite;

La mélancolie présénile avec teinte spirite.

(Toutes ces maladies mentales pouvant évoluer avec ou sans hallucinations, sauf les folies toxiques qui sont toujours de nature hallucinatoire.)

*
* *

Médiumnopathie externe

Nous allons d'abord nous occuper des folies de la première catégorie. Elles ont cette importance de plus que les autres, qu'elles sont écloses dans le bouillon de culture de la doctrine spirite, tandis que les autres, manifestement dues à autre chose qu'au spiritisme, lui empruntent seulement, nous l'avons dit, la teinte spéciale de leurs idées délirantes.

Parmi les folies de la première catégorie, les unes sont des délires épisodiques curables, les autres sont des affections incurables. — Dans toutes ces folies, la vie n'est pas menacée — sauf par les suicides. — Il ne s'agit pas ici de participation de l'organisme aux troubles mentaux. — La différence qui existe entre elles tient du plus ou moins grand développement de l'intelligence, qui fait que ces délires sont plus ou moins absurdes, plus ou moins bien construits, plus ou moins logiques en leurs déductions. Elle tient aussi aux tendances du caractère, — triste, — orgueilleux et susceptible —; néanmoins, on peut décrire ces délires en bloc, quitte à revenir plus tard sur les différences constatables dans chacun des genres dont nous avons parlé.

Nous avons vu par quoi le fait spirite ressemble à une hallucination; par quoi la doctrine spirite ressemble à un délire. L'hallucination peut, chez certaines personnes, se produire sans que le délire survienne. Le centre cérébral, mu par un automatisme particulier, produit l'hallucination; mais l'halluciné juge que cette hallucination est une perception fausse, et reconnaît la nature hallucinatoire de sa perception. Dès lors, il n'y attache pas d'importance et n'en tire pas matière à délire. Ces hallucinations conscientes sont rares, l'automatisme d'un centre supposant toujours une dislocation cérébrale. En général, elles finissent en se répétant, par provoquer un délire en rapport avec elles, ou bien à inquiétér considérablement l'halluciné conscient sur sa santé et surtout sur sa santé psychique : « Je sens que je deviens fou, disent-ils ; ces voix imaginaires ne peuvent se produire dans un cerveau sain. » Ils ont raison. Mais très rapidement, l'obsession de cette inquiétude, sans cesse renouvelée par la répétition de sa cause, détermine un état de tristesse avec idées hypocondriaques et aboutit à un délire hypocondriaque réel. Cette transformation est d'ailleurs considérablement aidée par l'état général mauvais de l'halluciné : sommeil mauvais, appétit nul, finissent par déterminer un état de « misère physiologique », de « dénutrition » de l'organisme, auxquelles participe le cerveau. Celui-ci s'en affaiblit d'autant, et résiste moins à la pénétration du délire.

Je le répète, ces cas sont rares. Le plus souvent, l'hallucination n'est pas « consciente » et les hallucinés croient fermement à sa réalité.

En général, il s'agit d'hallucinations auditives. L'hallucination peut débuter d'emblée par des consonances vocales ; en d'autres termes, l'individu peut entendre des voix dès le premier jour. Plus souvent, les premières hallucinations spirites empruntent le caractère typtologique propre au mode habituel de révélation des esprits. L'halluciné en-

tend des coups frappés dans ses meubles, dans
le mur. Il cherche naturellement à en comprendre
le sens, et emploie l'habituel moyen des spirites:
l'alphabétisation. C'est en général pour l'halluciné
une révélation qu'il prend pour un don spécial
de « médiumnité ». Les esprits lui causent, donc
il est médium. Il est au début joyeux de ce don,
et oriente constamment son esprit vers la produc-
tion de nouveaux « raps », et, naturellement, cette
constante préoccupation aboutit au pullulement
des hallucinations auditives.

Au bout d'un temps plus ou moins long, souvent
parallèlement au désir de l'halluciné, celui-ci entend des voix véritables.

Celles-ci sont d'emblée ou deviennent vite profondément désagréables. Il s'agit d'insultes, de
menaces, proférées par les voix et qui étonnent,
chagrinent et révoltent l'halluciné. Au début, ce
sont de simples mots injurieux, grossiers, parfois
obscènes, de nature à entacher en général l'honneur de l'halluciné, de le troubler dans sa pudeur,
de l'offenser dans sa dignité. Plus ou moins
vite, il y répond, et dès lors, les voix se multiplient,
les mots prononcés forment des phrases, si bien
qu'un dialogue s'établit entre le malade et ses
voix. Les hallucinations sont nombreuses la nuit,
d'où insomnies fréquentes.

L'attitude du malade, ses habitudes changent,
au fur et à mesure que s'organise son délire.
Dans la rue, il a toujours peur d'être poursuivi.
Chez lui, il organise la défense: il se clôt, il

se mure, il bouche sa cheminée. Fréquemment il déménage, pour dépister les esprits. Il s'entoure lui-même d'appareils de défense; il se bouche les oreilles avec de la cire pour ne pas entendre, il imagine des casques de plomb qui recouvrent ses oreilles. Il s'efforce de lutter contre ses hallucinations, mais c'est en vain qu'il agit, c'est en vain qu'il se casque: Les hallucinations continuent.

Elles pénètrent de plus en plus dans sa vie intime: elles commandent à ses actes, s'emparent de sa pensée pour lui dire à l'avance les actes qu'il veut faire, descendent dans le passé de ses actions secrètes et les lui révèlent, railleuses et menaçantes, les interprétant dans le sens le pire. De plus en plus il se défend: de la voix et des actes. Dans le constant énervement de sa vie bouleversée, il répond aux injures par des injures, aux menaces par des menaces, aux railleries par des railleries. Il essaie aussi des accommodements, de la prière. Il flatte ses persécuteurs, comme autrefois les Grecs flattaient les Parques du nom d'Euménides. Il les supplie, il avoue, il regrette, il promet; c'est en vain. Les voix rétorquent insulte à flatterie, menace à prière, railleries à promesse, jusqu'à ce que le malheureux halluciné éclate de fureur et s'emporte à nouveau en termes d'une grossièreté que rien dans sa vie antérieure ne permettait d'attendre.

Il est possible qu'à cette époque les autres centres sensoriels entrent aussi en automatisme:

stade plus avancé de la désorganisation cérébrale. Assez rares toutefois sont les hallucinations
de la vue. Plus fréquentes sont les hallucinations
de l'odorat, du goût et de la sensibilité générale.
Les esprits lui font sentir de mauvaises odeurs,
donnent mauvais goût à ses aliments, empoison-
nent son vin, se livrent sur sa personne à de
mauvais traitements, lui infligeant des « décharges
électriques », le pinçant, le piquant. Il réagit dès
lors et se défend; il brûle des aromates, vaporise
des parfums dans sa chambre. Il lave sa viande
avant de la manger. Il laisse là son repas in-
fecté. Il se cuirasse, s'entoure de coton, d'arma-
tures métalliques pour que les esprits ne le puissent maltraiter.

Il attaque à son tour.

Vous souvenez-vous du Horla. Vous rappelez-
vous cette œuvre inquiétante de Maupassant,
alors au début de la maladie mentale qui l'a
enlevé. Le persécuté par le Horla met le feu à
sa maison, — y grillant ses domestiques — après
avoir laissé le Horla à l'intérieur. C'est là une
réaction défensive qui n'est pas absolument rare.
Mais il y en a d'autres, saugrenues et grotesques:
un malade faisait brûler du soufre dans sa chambre et restait là, suffoquant, pour embêter ses
persécuteurs. Une autre, dont nous parlons plus
loin, se meurtrissait de coups pour atteindre
l'« esprit du mal » qui se posait sur elle pour
la torturer.

Mais l'exaspération qui résulte de cette épouvantable vie, peut pousser le malade à de pires réactions. Lassé de voir son impuissance contre les persécutions des esprits, le malheureux halluciné est tout porté à voir des complices de ces esprits dans les personnes qui l'entourent. Sa famille, ses voisins, son concierge, sont des complices. Complice aussi, ce gouvernement qui autorise cela, cette police qui ne protège pas les « honnêtes gens »; complice, le médecin qui le soigne, et *ce médium de sa salle spirite qui a dirigé contre lui les mauvaises intentions des esprits, et qui, maintenant, les encourage.* Et souvent cette supposition de complicité humaine ne se fait pas seulement par le simple mécanisme du raisonnement: on pourrait comprendre, à la rigueur, que l'halluciné tue son voisin de dessus, *parce qu'il prête son appartement aux esprits insulteurs*; mais il peut arriver qu'il tue *brusquement* un passant quelconque, ou *avec préméditation* une personne éloignée, étrangère à la vie du malade, *simplement parce que les voix lui ont révélé la complicité de celui-ci ou de celui-là.*

Pourtant, par un travail inconscient de son esprit, le malheureux halluciné va mêler un peu de miel à tant de myrrhe. L'automatisme de son centre auditif va mettre le baume à côté de la blessure; les hallucinations vont cesser d'être toujours injurieuses, diffamatoires et menaçantes, pour devenir quelquefois encourageantes, consolantes, douces et flatteuses. L'automatisme du centre va créer les bons esprits, comme il a créé les mauvais. Cela n'arrive pas toujours, et certains malades restent constamment des malheureux inconsolés. Dans d'autres cas, l'automatisme d'un autre centre créé des hallucinations consolantes : des figures charmantes, divines, paraîtront au pauvre fou comme des envoyés du paradis : elles ne parleront pas, mais elles auront de bons regards et des gestes consolants. La sensation de leur présence remplira le malade d'aise, et pourtant elles constituent une aggravation de la désorganisation cérébrale.

En effet, cette terrible vie n'a pu évoluer sans affaiblir plus ou moins considérablement les facultés intellectuelles. Le jugement est moins sûr; l'auto-critique moins bonne. Le malade se sent porté à croire aux flatteries des « bons esprits »; et s'ils lui disent qu'il est un grand médium, il le croira; s'ils lui disent qu'il a des dons exceptionnels, il le croira; s'ils lui prédisent de hautes destinées, il y croira. Les « méchants esprits » peuvent bien lui dire le contraire, il n'en a cure : on aime toujours mieux croire ce qui vous flatte que ce qui vous vexe; et, d'autre part, le fait que des esprits mettent autant de constance à s'acharner contre un homme n'est-il pas une preuve de sa puissance propre, et s'inquiète-t-on autant de tourmenter un rien-qui-vaille? Ainsi s'établissent progressivement les idées de grandeur, qui finissent, à la longue, par supprimer totalement les idées de persécution.

Toute cette description est semblable à celle que l'on faisait autrefois sous le nom de *démonopathie externe*, et qui était si fréquente aux époques de grande foi, au moyen âge. Dans la démonopathie externe, c'était le diable ou ses suppôts, qui tourmentaient l'aliéné. Dans le cas que nous venons de décrire, et que l'on pourrait appeler *médiumnopathie externe*, les « mauvais esprits » ont remplacé le diable. Mais la maladie évolue parallèlement. Tous les cas ne sont pas semblables, puisque les caractères des hommes sont différents, mais il est toujours possible de suivre, dans ses grandes lignes, la marche de la maladie, d'après le tableau que nous en avons fait (1).

(1) Ainsi, l'observation suivante, que nous empruntons à MM. Gilbert Ballet et Monier-Vinard :

Antécédents héréditaires. — Ne révèlent rien de particulier.

Antécédents personnels. — Fièvre typhoïde à 30 ans. Il a eu la syphilis. La date de l'accident initial a échappé. A l'âge de 36 ans, il a eu des plaques muqueuses dans la gorge. Plus tard, on lui fit au Val-de-Grâce une staphylorraphie nécessitée par la perforation du voile du palais consécutive à l'évolution d'une gomme. Depuis, la voix est nasonnée. Pas d'alcoolisme.

Histoire de la maladie actuelle. — Le 8 octobre 1902 le malade se présente à la consultation, se plaignant d'être obsédé depuis quatre ans, par des esprits qui le persécutent. Il vient nous trouver afin d'obtenir un certificat médical nécessaire pour appuyer les poursuites qu'il veut intenter à des personnes qu'il accuse de le faire tourmenter par les esprits.

Etant gardien au Père-Lachaise, il rencontra, il y a sept ans, une femme qui lui tira les cartes et lui interpréta les lignes de la main. Cette aventure ne l'aurait guère impressionné, il le dit du moins ; mais il déclare que, depuis ce moment, il se mit à remplir moins exactement ses fonctions ; son caractère s'as-

Les idées de persécution qui sont les plus importantes par leur date d'apparition, par leur
nombre et par le trouble considérable qu'ils apportent dans la vie de l'individu qui en est atteint,
peuvent aussi, dans certains cas, survenir à la

sombrit, et, en août 1896, il fut révoqué. Il ignore la
cause de son renvoi.

Deux ans plus tard, sa femme mourut à l'hôpital
Tenon de suites de couches. Bientôt après, l'enfant
mourut aussi.

Il y avait trois semaines que sa femme était décédée
quand, brusquement, il eut l'impulsion d'écrire la phrase
suivante, qui, nous dit-il, lui était dictée par l'esprit
de la défunte: « Je suis ta femme, je t'aime; tu te
marieras avec madame Marie P... qui habite avenue
Parmentier, 28. »

Pour la première fois, ainsi, il entra en rapport avec
les esprits. Ce phénomène le troubla fort, d'autant
plus que, à partir de ce moment, à maintes reprises,
l'esprit de sa femme lui dicta plusieurs phrases. Celle
qui revenait le plus souvent était la suivante : « Tu te
marieras avec cette femme, tu seras auditif. »

Désireux de s'expliquer ces phénomènes, il se fit
admettre dans une société de spirites. Là, il lui fut
déclaré qu'il était un grand médium; on lui enseigna
à faire tourner les tables.

Dès ce moment aussi, surtout pendant la nuit, il
commença à voir des esprits. Ceux-ci prenaient la forme
d'animaux hideux: serpents, crapauds, lézards; ils lui
parlaient, lui disant: « Ta vie sera pleine d'épreuves. »

Sur ces entrefaites, le hasard fit arriver entre ses
mains le prospectus d'une cartomancienne dont l'adresse
et le nom correspondaient exactement avec ceux que
l'esprit de sa femme faisait écrire: « Madame Marie,
28, avenue Parmentier. » Il s'y rendit; la cartomancienne lui déclara qu'il était un grand médium; elle lui
fit révéler le présent et l'avenir d'une personne présente à l'entretien...

Depuis ce moment, les phénomènes qu'il présentait,
ne firent que s'accentuer encore davantage. Il voit sans
cesse la cartomancienne à ses côtés. Il la voit à tous
moments, quelquefois le jour, mais surtout la nuit;
elle le tourmente, elle veut qu'il devienne son amant,
et il s'y refuse parce qu'elle est vieille et laide; puis

suite d'hallucinations psycho-motrices. Dans le cas
où elles sont unies aux hallucinations extérieures,
frappant les organes sensoriels que nous venons
de décrire, il se constitue une forme mixte entre la médiumnopathie externe que nous venons

il pense qu'une fois satisfaite, elle le ferait disparaître.

Toujours encore, il est en relation avec l'esprit de
sa femme; il lui reproche d'avoir pu lui conseiller
de se marier avec une personne aussi odieuse que la
tireuse de cartes. Il lui demande, mais en vain, de l'en
débarrasser.

Il commence alors toute une série de démarches
auprès des tribunaux; il s'adresse au commissaire de
police, voulant faire poursuivre la cartomancienne.

Mais, pour se défendre, celle-ci le tourmente encore
davantage; il la voit auprès de lui qui, avec son mari,
le menace et l'injurie. Tous les deux lui envoient une
série de mauvais esprits qui tentent de l'effrayer, et
revêtent des formes hideuses. Un matin, il se réveille
brusquement et voit sur sa poitrine un énorme serpent
dont la tête reposait sur son épaule. On le menace, afin
qu'il retire les plaintes qu'il a déposées : « Nous te
ferons crever et nous t'aurons! » Tout sommeil devient
impossible. Quelquefois, il éloigne les mauvais esprits
en faisant de longues prières. Ceux-ci reviennent malgré
tout. Il s'arme d'un bâton pour les chasser, mais, en
raison de leur caractère immatériel, le bâton les traverse sans les frapper. C'est très distinctement qu'il
voit les esprits; il nous assure les voir aussi nettement
que les objets réels eux-mêmes. Ses autres sens sont
d'ailleurs impressionnés; les esprits à l'aspect hideux
répandent en même temps une odeur de brûlé extrêmement désagréable.

Mais, outre les esprits qui le persécutent, il en voit
d'autres qui lui sont, soit favorables, soit du moins,
indifférents.

Souvent il y en a de bons qu'il ne connaît d'ailleurs
pas, qui viennent le trouver, il les entend, tantôt ils
lui parlent directement en lui donnant de bons conseils, tantôt ils s'adressent directement à son cerveau,
sans qu'il ait d'impressions auditives.

Une fois, il nous dit avoir vu son propre esprit, sous
la forme d'un homme habillé de noir, qui marchait à
ses côtés et s'entretenait avec lui; à un autre moment,

de décrire et la *médiumnopathie interne* que nous
allons décrire maintenant. C'est le cas de l'observation que nous donnons en note, et de nombreux autres cas.

en plein jour, il vit brusquement au milieu de la
rue une boule de feu qui roulait devant lui et disparut
en laissant une odeur de soufre. Ces divers phénomènes
ne sont, dit-il, perceptibles que pour lui seul, et c'est
son caractère de médium qui lui vaut ce privilège.
Ce n'est pas seulement par ses sens qu'il entre en
communication avec les esprits, soit bons, soit mauvais. Ceux-ci le font aussi écrire; sa femme, on l'a vu,
lui dicta le première phrase qu'il écrivit de la sorte.
Tantôt, il entend la phrase qu'il doit écrire et qui
lui est en quelque sorte dictée; d'autres fois, c'est sous
la dictée intérieure, sans impression auditive, qu'il trace
des phrases. Dans cette dernière condition, il écrivit
un jour sous nos yeux la phrase suivante: « Tu es
un voleur; tu aurais pu faire beaucoup mieux; tu ne
feras pas grand chose, parce que tu insultes cette
femme. »
Enfin, parfois encore, il prend la plume, et se met
à écrire, n'ayant pas conscience d'obéir à une dictée
quelconque, soit intérieure, soit extérieure à lui-même.
Ainsi, quand au cours de l'examen, nous lui posons une
question qui l'embarrasse, il prend la plume et se met à
écrire, ce qui lui est impossible de répondre. Il semble
alors n'avoir conscience des mots, qu'une fois ceux-ci
tracés sur le papier.
Nous lui demandons alors ce qui lui a suggéré
la réponse écrite; il nous déclare que c'est certainement
un esprit qui la lui fait écrire, mais il dit fort bien
aussi ne l'avoir pas entendue lorsqu'il la lui dictait.
Quand il écrit sous la dictée des esprits, son écriture
est quelquefois normale; souvent elle est modifiée, les
lettres, tracées d'une façon saccadée sont déformées
et la lecture de sa phrase est parfois difficile. Enfin,
souvent aussi, il trace une série de traits irréguliers
diversement contournés, couvrant parfois toute une
page. Ayant écrit ainsi, il nous lit une phrase ayant
un certain sens; mais à une deuxième lecture, il ne
peut naturellement pas lui-même lire la phrase de la
même manière que la première fois.
Quelquefois, il prédit l'avenir: tantôt, il annonce
le temps qu'il fera pendant une époque de l'année,

*

* *

Médiumnopathie interne

Et ce sont maintenant, les vrais « possédés », au lieu des vrais « persécutés ». Comme autrefois chez les possédés du démon, l'hallucination se fait psycho-motrice chez les médiumnopathes inter-

tantôt il indique les affections qui atteindront les gens, leur durée, leur gravité. Il prétend même avoir une favorable influence sur les maladies.

Depuis près d'un an enfin, il lui arrive souvent d'être transporté loin du lieu où il se trouve. Les esprits persécuteurs l'emportent parfois ainsi à de grandes distances, l'entraînent avec eux et lui donnent des coups de fluide qui l'atteignent au bassin: ils l'ont réduit d'ailleurs depuis longtemps à l'impuissance. Mais à l'ordinaire, c'est sans que les persécuteurs interviennent qu'il est ainsi transporté dans l'espace. Il parcourt de la sorte les planètes; il en a exploré un grand nombre, mais il ignore le nom de la plupart d'entre elles, et c'est la planète Saturne qu'il visite le plus souvent. C'est vers le milieu de la nuit que cela lui arrive; il se sent « partir sur sa pensée », il traverse d'immenses espaces, et les esprits mauvais veulent alors le tuer à coups de fluide. Arrivé dans Saturne, « il se matérialise », reprenant son aspect et sa forme ordinaires. Il nous a écrit lui-même le récit d'un de ces voyages.

« J'ai vu une chaîne de montagnes au bord de la mer saturnine; elles sont couvertes de rochers et d'herbages, peuplées d'animaux de toute espèce. Au pied des montagnes, une plaine des plus grandes, des plus fertiles. Les habitants de ces pays sont comme nous. Ne pouvant pas aller partout et me rendre compte de tout, j'étais obligé de demander à un esprit que je ne connaissais pas. Il me montra le château de Saturne et me renseigna sur tout; il m'expliqua la ville de Luffiphnoff, et l'église, et une bonne partie de la contrée nes. La persécution est toujours le mobile des esprits qui ont pris d'assaut la personnalité du médium, mais les injures sont dites « à l'intérieur » du cerveau, ou prononcées directement par la bouche du possédé qui, ainsi, s'injurie lui-même,

Il y a des degrés dans la « gravité » de la dépersonnalisation qui réalise la possession. Le malade peut, progressivement, grimper ces divers degrés ; ou bien s'arrêter à un seul, que son éclectisme se porte d'emblée sur les degrés les plus au bas de l'échelle, ou bien sur les plus élevés.

Au premier degré se place la suggestion interne. Le malade n'entend pas parler à son oreille ; non plus, des mots ne se forment dans sa tête ; tout se résume en ceci : le malade a une mauvaise pensée dont doit résulter une mauvaise action. Cette mauvaise pensée, il la rejette, d'autant mieux qu'elle est tellement en dehors de ses

de Lestaphanoff. Là, je reconnus que c'était un esprit de ma famille qui est ma mère ; mais je ne l'ai reconnu que trop tard. Elle me fit parler avec certains habitants de cette ville. Dans d'autres contrées, j'étais tout seul ; je me trouvais toujours en butte avec des esprits les plus mauvais. J'aurais fait mieux si j'avais eu quelqu'un pour me protéger contre les esprits qui me font du tort. J'ai reconnu Jésus et la Vierge Marie qui avaient l'air de se ficher de moi ; bientôt je rencontrai ma mère et Saturne ; je leur demandai quel était ce couple là. Saturne me dit : « Regarde les bien, ce sont tes ennemis. »
De vive voix, il nous a donné d'autres renseignements : les habitants de ce pays seraient vêtus comme nous, leurs occupations seraient les mêmes que les nôtres ; leur langage serait « la langue grecque déformée ».

habitudes, qu'il *est impossible qu'il l'ait pensée lui-même*. D'où lui vient-elle, sinon des esprits, qui cherchent à le faire mal agir pour le déconsidérer, le déshonorer, le faire mettre en prison ou mener à l'échafaud. Heureusement qu'il résiste à cette mauvaise pensée et ne commet pas la mauvaise action.

Chez certains malades pourtant, la suggestion interne se fait forte à ce point, que la résistance contre elle devient difficile ou impossible. La raison du malade se révolte bien contre cette pensée qu'il juge mauvaise, dont il apprécie sainement les conséquences, mais contre laquelle la résistance devient agonisante et douloureuse. Un véritable malaise physique commence quand débute la suggestion, qui ne fait que grandir, à mesure que le malade tarde davantage à accomplir l'action suggérée : un cercle de fer entoure son crâne ; ses yeux se voilent, une sensation de constriction serre sa gorge, et son cœur palpite douloureusement. C'est bien là, réellement, de l' « obsession » et tel est aussi le terme scientifique que l'on emploie pour indiquer ce symptôme. Le malaise physique « obsidionnal » devient douloureux à ce point, que le malade commet l'action, et, dès qu'il la commet, il ressent un grand soulagement. La suggestion, que le malade attribue aux mauvais esprits, peut être de natures bien diverses, et l'acte par conséquent aussi : depuis la simple obsession à dire des grossièretés, à se livrer à des actes impudiques, jusqu'à l'obsession à commettre des vols, des incendies, des meurtres, et aussi jusqu'à celle de commettre des actes dangereux pour la vie propre du malade, toutes peuvent se présenter, toutes sont précédées de la même lutte, de la même angoisse douloureuse au physique comme au moral, et sont suivies du même soulagement dès que l'acte est commis.

A un degré plus élevé, vient l'hallucination motrice verbale. Ce sont bien des paroles que le malade *sent* être prononcées en lui, sans les entendre. Dans le délire que nous décrivons, ce sont toutes paroles mauvaises, injures, reproches, menaces, mauvais conseils, ordre d'agir ou parler mal. L'endroit où le malade *sent* que ces paroles sont prononcées, est des plus divers: dans la tête, dans la poitrine, dans l'estomac, dans le ventre (¹). Parfois, les voix siègent dans sa gorge: c'est là un trait d'union entre ces hallucinations motrices verbales *ressenties* et les hallucinations motrices verbales parlées. Ici, la voix qui siège dans la gorge ou la bouche anime les lèvres, sans qu'un chuchotement se produise. Ou bien, les lèvres remuent et chuchotent; ou bien elles parlent distinctement, mais à voix basse; ou bien elles parlent à voix haute. Autant de degrés dans la dépersonnalisation.

(1) Nous avons connu un malade persécuté ayant des hallucinations motrices verbales de cette nature. Il avait été amputé de la cuisse. Les esprits parlaient dans son moignon. Il sentait et comprenait leurs paroles sans les entendre.

Dans tous les cas de ces hallucinations motrices verbales parlées, les paroles s'élaborent en dehors de la conscience du malade, de même que c'est en dehors de sa volonté que ses lèvres remuent pour chuchoter ou parler haut. Parfois, le malade connaît ce qu'il va dire; d'autres fois, il ne comprend que lorsqu'il s'est entendu parler. Lorsque ses muscles vocaux parlent hallucinatoirement, la voix qui émet les paroles dites par les esprits est modifiée : tantôt, elle se fait plus rauque, tantôt elle se fait plus élevée de tonalité que lors du langage courant, et lorsque le malade répond à ces voix qu'il émet involontairement lui-même, il s'établit un dialogue comme prononcé par deux interlocuteurs n'ayant pas la même voix.

On comprend qu'un délire vienne se surajouter à de tels symptômes. Tantôt, le malade est persuadé que des esprits habitent en lui, tantôt, il a la sensation que les esprits partagent son corps avec lui-même, et qu'il constitue un être double dont les deux parties, animées par des volontés différentes, sont en guerre acharnée l'une contre l'autre.

En place de la bouche qui parle involontairement, il peut y avoir la main qui écrit automatiquement. Nous l'avons déjà vu, l'écriture automatique est un moyen de relation avec les esprits, fréquemment employé par les médiums écrivains spirites. Et, comme nous l'avons dit, il est impossible de séparer ce phénomène spirite de l'hallucination motrice graphique pure. Cette hallucination motrice graphique débute, en général, après des séances de spiritisme; nous l'avons pourtant vue se produire auparavant, dans l'observation que nous avons citée; il n'en est pas moins vrai que le spiritisme y prédispose. Les caractères de cet automatisme graphique sont de se produire en dehors de la volonté, et de produire des mots écrits inconnus par le malade avant qu'il les puisse lire sur le papier. Dans la médiumnopathie interne, qui sous-entend la persécution, les mots écrits sont toujours désagréables pour le malade, soit qu'ils l'offensent: injures, menaces, reproches, prédictions désastreuses; soit qu'ils soient de nature à nuire à sa réputation, en le faisant passer pour un grossier personnage, pour un imbécile, pour un fou (1).

La main qui agite automatiquement le crayon médiumnique peut tracer des mots ou élaborer des dessins. On peut dire de ceux-ci qu'ils n'ont

(1) Nous signalons une observation où nous avons trouvé de l'écriture automatique mêlée avec de l'écriture volontaire. Celle-ci contient les plaintes du malade concernant des chiffres de fortune que ses persécuteurs l'obligent à prononcer (hallucination motrice verbale concomitante) ou à écrire sans cesse, sorte d'arithmomanie mégalomaniaque contre laquelle il proteste. Il en perd le sommeil, dit-il. Suivent des colonnes de chiffres écrites malgré lui par le « magnétiseur », puis une série d'insultes qu'il adresse à son tour à l'intrus, et dont il s'excuse en terminant sa plainte, disant qu'il a écrit cette page de blasphèmes pour arrêter son persécuteur.
Marie et Viollet. — *Journal de Psychologie normale et pathologique*, Juillet, août 1904. Tome 4, page 18.

que la valeur que leur peut donner l'habileté
antérieure du malade en dessin. Un trait de res-
semblance entre eux tous, cependant, est le flou,
le vague de l'image importante, perdue en un
fouillis de lignes plus ou moins sinueuses. Comme
pour les écrits d'ailleurs, qui ne sont jamais bien
transcendants d'intérêt ou de style, les dessins
ne sont jamais merveilleux et toujours de gros-
sières fautes s'y remarquent. Guidant le crayon
d'un médium — ou d'un halluciné — sans habileté
ni instruction, Raphaël dessinera des élucubrations sans valeur ;, de même que Victor Hugo fera
des fautes d'orthographe. Notons qu'ici encore,
le dessin sera désagréable au malade, soit qu'il
soit de nature à offenser sa dignité, soit que par
ses caractères de grossièreté, d'obscénité, il puisse
porter atteinte à son honneur d'homme.

Enfin, au sommet de l'échelle, la possession
est complète : la main écrit, la langue parle, les
regards s'animent, la physionomie change, les
actes les plus intimes se perpètrent, et c'est toujours l'esprit qui agite tout cela. Le malade ne
conserve que le profond désespoir de cette in-
trusion si complète, et se plaint dès qu'il rentre
en possession de ces organes. Mais si ce con-
trôle du jugement vient à manquer, la dépersonnalisation est complète, et dès lors, le délire de
grandeur débute : l'*Esprit*, pensant par le cerveau
comme il agit par tous les muscles, abolit « le
vieil homme » qui ne reste plus qu'à l'état de
souvenir plus ou moins précis. Mais ceci consti-

tue une nouvelle forme de maladie : la *médium-nomanie interne,* dont nous parlerons tout à l'heure.

Qu'il nous suffise de dire que dans certains cas, le malade était préparé à cette mégalomanie. De même que nous avons vu des hallucinations sensorielles consolantes survenir parfois au cours de l'évolution de la médiumnopathie externe, de même, dans la médiumnopathie interne, des hallucinations motrices consolantes peuvent survenir. De bons esprits viennent combattre les persécuteurs, soit en parlant avec la bouche du malade, soit en écrivant avec sa main. D'autres fois, (et ceci rentre dans les cas mixtes), les hallucinations consolantes sont visuelles ou auditives, tandis que les persécutrices sont motrices. Et il peut se faire aussi qu'au bout d'un certain temps, une interversion se produise, les bons esprits répondant par la bouche ou la main à ce que disent les mauvais dans l'oreille. Toutes les complexités sont possibles : les bons esprits peuvent parler bas, tandis que les méchants esprits parlent haut ; les bons peuvent dessiner tandis que les méchants écrivent ; les bons peuvent répondre par l'écriture aux insultes que les méchants disent par la bouche, etc., etc. Dans le terrain des désorganisations cérébrales, tous les cas les plus complexes peuvent se rencontrer ; et il n'y a vraiment pas de règle habituelle à établir (1).

(1) Nous avons recueilli les écrits d'une malade mégalomane où l'on observe trois sortes d'écriture :

*
* *

Les médiumnomanies

Nous traiterons dans le même chapitre les médiumnomanies externes et internes. Elles sont, toutes les deux, associées à des hallucinations, ou bien sensorielles (auditives, visuelles, etc...), ou bien psycho-motrices (graphiques, verbales ou générales). Mais ces hallucinations, au lieu d'être pénibles pour le malade, sont volontiers acceptées par lui. Elles ne contiennent ni injures, ni menaces, ni reproches. Les idées qu'expriment les paroles sont en rapport avec la manière dont s'organise le délire qu'elles ont fait naître. Si le malade se considère seulement comme un médium, elles contiennent des révélations de l'autre vie; si le malade présentait auparavant ce tem-

l'écriture personnelle de la malade parlant du haut de sa nouvelle personnalité imaginaire; l'écriture de ses persécuteurs qui la baffouent et celle de ses protecteurs qui la consolent:

« Après avoir paraphrasé ses titres de reine de France et maîtresse des Tuileries, elle se plaint des esprits qui la magnétisent, puis d'une crampe qu'ils lui envoient à l'instant même. Vient ensuite une série de salutations réitérées à différentes personnalités, sans rapport avec le reste de la lettre; elle s'en excuse ensuite en écrivant que tous ces bonjours ont été écrits par ses *magnétiseurs* pour la baffouer. S'intercalent des formules d'encouragement, d'écriture plus grande, attribuables aux esprits protecteurs: « Du courage, Majesté. Ça va passer. Ils ne sont plus là. Nous les mettrons en fuite. etc... »

pérament orgueilleux qui prédispose aux idées de grandeur, les mots prononcés seront encourageants, admiratifs, etc... Assez souvent, cette mégalomanie s'associe à des idées d'apostolat, de religion nouvelle, de réformation, et les paroles sont en rapport avec ces idées, contiennent des conseils, des préceptes, etc. En somme, elles sont de même nature que ces paroles prononcées par les bons esprits consolateurs des médiumnopathes externes et internes.

C'est ainsi que nous pouvons trouver, avec cette teinte encourageante et agréable:

des hallucinations de l'ouïe;

des hallucinations de la vue;

des hallucinations de l'odorat;

des hallucinations du goût;

des hallucinations de la sensibilité cutanée, dans les médiumnomanies externes.

des hallucinations psycho-motrices verbales;

des hallucinations psycho-motrices graphiques;

des hallucinations « cénesthésiques » générales, (conduisant à la dépersonnalisation complète du malade), dans les médiumnomanies internes.

Nous avons déjà vu ce qu'était la nature des hallucinations, comment elles se produisaient, la créance que les malades leur accordaient. Ici, ce sont toutes hallucinations agréables et flatteuses qui orientent le délire. Mais le délire, qui est toujours un délire euphorique ou de contentement, peut devenir un délire mégalomane ou de grandeur, un délire prophé-

tique, un délire d'apostolat, ou bien, faisant
entrer directement le malade dans le *plan
divin*, et sapant tous les liens qui le retiennent
à la terre et à sa nature d'homme, il devient un
délire d'immensité et de divinité. Les éléments *intelligents* qui constituent ce délire, sont naturellement fournis par le malade lui-même, et la
richesse, la tenue des idées délirantes, dépendent
du degré d'intelligence, d'éducation et d'instruction du délirant. Un pauvre d'esprit fera toujours
un délire pauvre, atone, absurde, inconsistant,
contradictoire, tandis qu'un homme intelligent et
érudit, pourra créer un délire riche dans son ensemble, logique, de grande tenue, parfois, de
grande élévation, qui n'a contre lui que son origine hypothétique, la fausseté des prémisses sur
lesquelles il repose, l'exagération des conséquences auxquelles il aboutit, et surtout la foi aveugle qu'il impose au malade, lui retirant le doute
judicieux que doit comporter toute discussion
d'hypothèse.

Le délire euphorique ou de contentement simple est rare. Il est à la portée des petites imaginations, incapables de créations plus élevées et
plus compliquées. Nous verrons plus tard qu'on
l'observe avec une certaine constance dans une
maladie mentale diminuant progressivement l'ensemble des facultés intellectuelles: la paralysie
générale. L'halluciné est content d'être médium
typteur, visuel, auditif ou écrivain. Grâce à ce
don, il évoque les esprits, mais la part qu'il prend

à titre personnel, à ces révélations, est minime. Il vit côte à côte avec ses hallucinations, sans y trouver des raisons de s'enorgueillir. Cela va de soi : d'où viennent ses hallucinations, sinon de lui même ? Que peuvent-elles réfléter, sinon ses propres désirs, ses propres appétences, ses propres ambitions ? Or, c'est un passif, un de ces êtres atones et sans vie intéressante, réduit au simple besoin de contenter ses appétits et ses instincts, et aux ressources d'une imagination languissante et terre à terre. Ses hallucinations seront donc simplement encourageantes, et ne contiendront ni fallacieuses prophéties, ni extraordinaires révélations. Redisons-le encore, ces délires purement euphoriques, sont rares (en dehors de la paralysie générale), car un passif est fréquemment un timide, un craintif, et ce côté de son caractère le prédispose plutôt à la mélancolie qu'à l'euphorie.

Néanmoins, le délire euphorique constitue le premier degré de médiumnomanie (externe ou interne), A un second degré, nous voyons apparaître les idées délirantes de grandeur. Celles-ci sont dues à des imaginations plus riches. Le don de médiumnité ne peut apparaître (pensent ces délirants) que chez des gens spécialement favorisés du ciel, soit en vertu de leurs mérites, soit en vertu de leur naissance, soit en vertu de leur pouvoir. L'on voit de suite comment va s'orienter le délire, selon que l'hallucination dira : « Tu es une intelligence hors ligne, un être pétri tout de bonté et d'honnêteté. » Ou bien : « Tu es issu d'une famille noble et riche, dont les origines sont divines. Seule une erreur de nourrice, (ou un enlèvement,) a pu faire de toi ce que tu es, un pauvre commis à 180 francs par mois. » Ou encore : « Ton pouvoir — que nous t'accordons — est surnaturel et immense ; toi seul connais, par nous, l'avenir et la nature des hommes ; tu es digne de diriger un grand peuple. »

Hallucination, ici encore fille de l'imagination, qui, consciente ou subconsciente, habille les paroles au meilleur gré des désirs, des appétences, des ambitions du malade. Dès lors, le délire croît et s'organise, le malade se croit un mérite suprême ou une puissance infinie, et ses discours reflètent l'importance qu'il accorde à sa personnalité. Son attitude se modifie pour se mettre à la mesure de tant de mérites et de tant de dignités. L'halluciné s'habille et se coiffe selon son nouveau rang, et exige des honneurs en conséquence. Il se porte candidat aux élections, il inonde les personnalités en vue de réclamations tendant à ce qu'elles lui restituent la place élevée à laquelle il a droit, ou bien, il fonde au lointain, en quelque Sahara, des principautés et des empires imaginaires.

Ce délire de grandeur s'attache encore, par un lien, à la terre : les dignités auxquelles il croit avoir droit, la naissance prestigieuse qu'il s'accorde, sont bien terrestres. Il n'élève pas son ambition jusqu'au ciel. Les biens terrestres l'attirent plus parce qu'il les connaît mieux, et aussi parce qu'il fut toujours un homme vivant d'instinct plus que d'imagination, de désirs de richesse ou d'honneurs terrestres plus que de désirs d'origine mystique; un homme plus enclin, enfin, à constituer « son royaume de ce monde ».

Que le mysticisme — ou ce néo-mysticisme qu'est le spiritisme — se mêle aux appétences de ces mégalomanes, et les délires de prophétie et d'apostolat vont apparaître. Ils se développeront de préférence chez les *réformateurs*. Ceux-là sont en général des pessimistes rêvasseurs, hantés du souci de réformer tout ce qui se passe de mal sur la terre. Fréquents, ces esprits-là, au monde des utopistes de tous genres, religieux, philosophiques, politiques, sociaux. Un prurit d'amender, de corriger, de détruire les pailles des yeux du voisin les anime sans cesse, dans leurs actes et leurs discours. Cela ne va pas, bien entendu, sans une haute conscience d'eux-mêmes.

Que ceux-là soient conduits à la folie par le spiritisme, ils échafauderont aussitôt, avec le concours de leurs hallucinations, des religions nouvelles, basées sur tel point de leurs doctrines spirites, et, nouveaux Isaïes, iront, semant prophéties et dogmes, au milieu de reproches et de lamentations. A l'aide de leur religion nouvelle, et des principes sur qui elle se base, ils réformeront la société, la politique, la morale, la cosmogonie, selon la tendance particulière qui leur est propre, et selon l'intérêt qu'ils attachaient

à tel point: socialisme ou politique, morale ou religion. Tout cela s'entremêle plus ou moins pauvre-
ment ou richement, plus ou moins absurdement
ou logiquement, selon l'intelligence qu'ils ont, et
qui leur reste (1).

(1) Nous donnons ici une observation de MM. Sollier et Boissier. Il s'agit d'une médiumnomanie mixte
avec délire prophétique, idées d'apostolat, hallucinations
sensorielles et psycho-motrices. Il s'y mêle des éléments étrangers au délire et qui tiennent à la vie
conjugale et sociale, qui influent plus ou moins sur
les épisodes délirants. La vie amène toujours semblable complication dans les délires.

Observation :

Mme C. S..., 36 ans, a toujours été nerveuse et surtout très distraite et très rêveuse. Son frère était névro-
pathe, elle l'a peu connu. Elle sympathisait peu avec
le caractère sec et positif de s   .nère et de son
entourage en général, au sein duquel elle se croyait
incomprise et auquel elle crut échapper en se laissant
marier. Elle ne crut pas non plus trouver chez son
mari l'écho de sa sensibilité exagérée et de sa recherche d'un idéal philanthropique et religieux, très
ardent, quoique vague encore, car elle ne connaissait
rien de la religion, son éducation ayant été très peu
poussée dans cette direction. Elle avait quelquefois entendu parler de spiritisme par un de ses oncles qui
s'en occupait activement; cela l'avait intéressée, mais
elle n'avait jamais assisté à aucune séance, et à la
mort de ce parent, elle avait bientôt écarté ce sujet
du cours habituel de ses pensées.

Se croyant très malheureuse avec son mari qu'elle
trouvait trop terre à terre et trop grossier, elle se
réfugiait de plus en plus dans ses rêves et commen-
çait à entendre une voix très douce, mais très distincte,
qui parlait dans sa poitrine, pour la consoler, l'encourager et lui promettre des compensations futures
à ses malheurs présents. Elle écoutait la voix avec
complaisance, la provoquait même par des efforts de
concentration mentale, tout en se demandant à qui
elle appartenait, et supposant bien que ce devait être
celle de quelque personne défunte qui s'intéressait à
elle.

Envoyé de Dieu là. Ici, *Dieu* lui-même, ou *Esprit de plan divin*. La dépersonnalisation est maintenant complète. Les appétences mystiques antérieures du malade, sont en tout point réalisées. Et aussi, l'hallucination devient à ce point

Très désireuse d'amour, de tendresse et de caresses, tourmentée par des exigences très actives, elle trouvait aussi son mari très froid; et quand M. S..., déprimé par un travail excessif, dut se condamner à une continence absolue, C... en éprouva un violent malaise. Néanmoins, elle entoura son mari de soins assidus, excessifs même, quand celui-ci fut envoyé en Suisse pour traiter sa neurasthénie. Elle savait alors que « sa voix » c'était celle d'un esprit; quelque temps auparavant, en effet, elle avait connu, à Royat, une dame qui faisait tourner les tables. C... avait eu la fantaisie d'essayer toute seule : son guéridon avait, sous sa main, épelé le nom de son père; elle était restée convaincue qu'elle causait avec un désincarné qui la protégeait, mais elle ne savait toujours pas avec lequel elle s'entretenait ainsi. Fatiguée à son tour par les soins qu'elle donnait à son mari, elle dut s'aliter et confia à ce dernier le secret de l'existence de sa voix, qu'elle n'avait encore révélé à personne. Celui-ci affermit sa conviction qu'elle était bien en communication avec un esprit. Un soir, elle se dressa sur son lit, fit agenouiller son mari devant elle et lui dit qu'elle sentait que l'esprit allait parler; il parla, en effet, par sa bouche, sans qu'elle sût d'avance ce qu'il allait dire, accablant le pauvre homme de reproches qui résumaient en somme tout ce que C... ruminait elle-même depuis longtemps contre lui. M. S... n'hésita pas; plusieurs détails lui firent reconnaître dans cette voix celle de sa mère à lui, que la malade avait peu connue, mais dont elle avait gardé une grande impression. Elle était enfin fixée sur l'identité de son protecteur désincarné. L'esprit de sa belle-mère demeura longtemps son guide téléologique. Elle était déjà médium auditif, parlant et typteur, facultés que son mari mettait couramment à contribution pour évoquer sa mère et la consulter au besoin. Mais ces pratiques amenèrent O... à un éréthysme nerveux extrême, avec insomnie, céphalée, tachycardie, rêvasseries. Une nuit, elle eut une vision qui fit date dans son histoire. Une grande lueur générale, la possession est si parfaite, que le malade ne sait plus ce qui est lui, et s'il est encore quelque chose de lui, ne gardant même qu'un souvenir imparfait de sa personnalité réelle antérieure. Certains malades perdent même totale-

illumina sa chevelure et Dieu lui apparut nettement entouré de personnages qui semblaient réunis en un conseil céleste. Dieu lui parla amicalement. Il prit pour elle seule le nom de *Rarahu*, lui promit son aide et son amour et lui donna l'ordre de continuer à répandre la charité et la bonté.

Depuis longtemps en effet, C... pensait à la possibilité de fonder une religion basée sur la bonté seule comme principe fondamental; elle résumait aussi le fond de ses rêveries religieuses et philanthropiques, étant de plus en plus occupée de métaphysique et d'idéal. La voix de sa belle-mère encourageait d'ailleurs cette tendance. Le délire se caractérisa après cette apparition. Il fallut des soins attentifs. Une amélioration sensible se produisit. On ramena à Paris la malade convalescente; elle demanda à entrer au sanatorium de Boulogne, où elle arriva le 1er juillet 1901. Elle n'y parla de rien de ce qui précède, n'avoua jamais qu'elle eut éprouvé aucun phénomène hallucinatoire, s'entretint en cachette avec son esprit-guide, sans jamais se trahir, malgré nos investigations répétées. C... causait beaucoup philosophie et littérature, lisant beaucoup, parlant de son intention de remplacer les religions connues par la religion de la bonté, rédigeait un recueil de ses pensées, aphorismes brefs et ciselés sur l'amour et le cœur humain en général; tout cela sans exaltation, simplement, avec l'enthousiasme d'une femme ayant une très haute opinion d'elle-même. L'isolement et le repos firent bientôt disparaître les derniers vestiges de l'épuisement nerveux dont elle avait souffert. M. S... qu'elle avait pris en grippe, rentra en grâces auprès d'elle et l'emmena achever sa convalescence dans le Midi, à la fin d'août 1901.

Pendant cette villégiature, malheureusement, le ménage commença à causer de spiritisme; le mari voulut avoir des nouvelles de sa défunte mère. C... se sentit irrésistiblement poussée à interroger le guéridon, qui lui transmit des avis non seulement de sa belle-mère et

ment la notion de l'existence de leur corps, même
s'ils continuent à agir, par vieille habitude, comme
s'ils avaient un corps, le vêtant, le nourrissant
et pourvoyant aux besoins instinctifs — et ils
ne le font pas toujours. Certains d'entre eux, plon·

de son oncle, l'ancien spirite, mais encore de person·
nages actuellement vivants. Le tzar Nicolas II vint
lui-même dans le pied de sa table, encourager et ap·
prouver ses projets de propagande de charité et de
pacification universelle. Il n'en fallait pas tant pour
remettre en branle tout l'automatisme psychique déjà
si actif de la malade. Le travail sublimial s'exaspéra et
le délire revint plus intense, avec une exaltation ex·
trême. Ce n'étaient plus seulement des esprits d'hom·
mes qui lui parlaient, c'étaient encore Jésus et Dieu
lui-même. Dieu, qui lui était apparu en Suisse, repre·
nait le nom de Rarahu, puis en changeait encore
et sous celui de *Deus*, il l'inspirait de diverses ma·
nières, lui parlant dans la tête et dans la poitrine,
en hallucinations psychomotrices, ou par la table,
ou encore par messages écrits, psychographiques,
mécaniques et semi-mécaniques. Il lui révéla ainsi
tout un système théologique. Ses souvenirs de ses
états automatiques antérieurs lui revenant avec exac·
titude, elle retrouvait dans ces révélations les per·
sonnages qui accompagnaient Dieu dans son unique
apparition en Suisse. Elle apprit qu'il y a un
dieu pour chaque système solaire, que celui Cé·
phée est régi par Deus lui-même, le Dieu des dieux,
le plus noble, le plus grand et le plus puissant. C'est
lui qui la dirigera désormais, qui l'armera et qui la
protégera. C'est lui qui lui ordonne de se consacrer
à la mission de répandre la religion de la bonté.
On l'appellera du nom de C..., la *religion kamienne*.
Deus l'écrit par un *k*, lettre plus noble que le *c*
de *C*am. La belle-sœur de la malade vient la soigner;
cette dernière prétend avoir lu par *clairvoyance télé·
pathique* une lettre écrite par cette parente, dans
laquelle elle était blâmée, et elle refusa ses soins.
Néanmoins, le délire devenait inquiétant, en raison
de l'exaltation qui l'accompagnait. Il fallut des soins
assidus, l'alitement, la cessation des pratiques d'évo·
cation. Le mari, d'ailleurs, de nouveau pris en grippe,
partit et peu à peu l'état s'améliora assez pour per·

gés dans une extase souveraine, la physionomie ennoblie par le repos majestueux des traits, séjournent au lit, sans manger par eux-mêmes, satisfaisant dans leurs draps leurs besoins naturels : non point qu'ils en soient inconscients, mais parce

mettre la rentrée à Paris et une seconde admission au sanatorium.

La malade rentra en traitement le 30 octobre 1901. La malade était en plein malaise nerveux : céphalées, douleurs erratiques dans les membres, palpitations, insomnies, fourmillements, troubles de la sensibilité cutanée, diminuée par plaques irrégulières, troubles de la cénesthésie et du sens stéréognostique, irritabilité angoisse, crise de larmes, troubles vaso-moteurs, bouffées de chaleur, frappée d'impuissance et crises de diarrhées ramenées par les moindres contrariétés. Tout ce cortège disparaissait et revenait par intervalles, selon que la malade était consolée ou contrariée.

Avec cela, elle était amaigrie ; bien que le délire fut à son déclin, il était encore assez actif et l'automatisme était en pleine marche. Elle avait l'air inspiré et austère, prenant des attitudes hiératiques, un ton prédicant et grave. Elle mettait autant d'insistance à faire connaître ses communications avec l'au-delà, qu'elle avait mis d'assiduité à les cacher pendant son premier séjour. Ses diverses spécialités médiumniques s'étant accrues en nombre et en complication. Elle avait gardé par dessus tout son ancien pouvoir typtologique ; le besoin de recourir à la table était toujours impérieux, malgré la facilité des entretiens auditifs avec les esprits ; mais comme nous nous opposions aux appels par le guéridon, la typtologie se fit d'abord par le crayon frappant des lettres sur un livre ou sur le lit ; nous l'empêchâmes. Ce fut alors le doigt seul qui frappa ; enfin la typtologie devint intérieure et purement mentale. Les lettres étaient frappées dans la tête en pensée. Cette typtologie mentale devint un des principaux moyens de communication avec les esprits et particulièrement avec Deus, le plus assidu.

Mais le crayon restait à la portée de la malade, il attirait sa main et l'entraînait sur le papier. Cam... devint alors médium dessinateur mécanique. Elle exécuta les yeux fermés des dessins très nombreux. L'un

que leur volonté s'annihile au milieu de tant
d'idéales pensées. D'autres, pour qui leur corps
n'est plus qu'une vieille pensée d'autrefois, pour·
voient à ses besoins, par habitude automatique,
mais c'est aussi sans sortir de l'idéal et divin

représentait Deus, son protecteur divin, indiqué symbo·
liquement par un vague profil humain perdu au milieu
de lignes sinueuses partant toutes d'un même point.
D'autres dessins représentaient d'autres divinités ou de ;
constellations encore inconnues des hommes. Chaque
dessin était suivi d'un message en écriture automatique
donnant l'explication du graphique, dont sans cela,
le symbolisme très fruste serait demeuré très obscur.
C'était, en effet, une combinaison de lignes droites
et courbes, avec addition de points mystérieux dont
quelques-uns figuraient grossièrement les traits du vi·
sage.

D'autres messages écrits constituaient des révélations
sur les divinités, sur les planètes, sur les constella·
tions, sur des solutions scientifiques encore inconnues,
sur la construction de télescopes nouveaux, sur des
moyens encore ignorés de guérir les maladies, sur le
kamianisme et les moyens de mener à bien cette forme
d'apostolat. Dans toutes ces révélations écrites, Deus
se montrait prodigue de louanges, pour Cam... et
lui adressait les propos les plus affectueux. M. S...
qui, dans le Midi, avait été souvent le témoin de la
réception de ces messages, y avait ajouté une foi
aveugle et restait dans l'admiration.

Il ne voyait pas sa femme au début de ce deuxième
traitement, mais on eut une certaine peine de le dé·
tromper sur la valeur de ces communications et sur leur
nature.

Dans les périodes paroxystiques, elle était obsédée
par tous les moyens de communication avec les es·
prits, depuis Nicolas II et la belle-mère jusqu'à des
dieux inconnus, aux voix dures et stridentes. Quand
l'amélioration survenait, ces voix diverses rentraient
peu à peu dans le silence. Les esprits familiers per·
sistaient seuls; enfin, Deus restait le dernier. Quand
la convalescence s'accentua, il resta l'unique interlocu·
teur habituel; encore fallait-il l'évoquer en se recueil·
lant. Toutes les voix étaient intérieures, psycho-mo·
trices ou psychiques. Pendant la convalescence qui

enchaînement de leurs pensées, qu'ils taisent uniquement en raison de la grande préoccupation qu'elles leur donnent. Ces grands muets, vivant véritablement en dehors de leur ambiance, et dont on ne peut rien tirer en fait de paroles,

dura de longs mois, Cam... demeura une mystique s'entretenant avec Deus par les procédés du spiritisme classique. Elle se livrait aussi à des prières ardentes et interminables, sortes d'extases, pendant lesquelles elle eut parfois la sensation de lévitation. Elle avait déjà eu en Suisse, lors de sa vision, et depuis, à chaque paroxysme, l'impression de quitter la vie et la terre, sans perte de connaissance, avec une sensation d'agonie très douce et d'enlèvement dans l'espace avec annulation du sentiment de son corps. Cette sensation s'accompagnait d'appels affectueux de Deus qui la désirait en Paradis, mais qui finissait par la rappeler sur la terre.

Elle continuait à recevoir des communications diverses de son guide téléologique, en typtologie mentale ou en auditions dans le langage automatique prenant parfois la forme du style télégraphique et plus souvent encore, une forme rythmique et rimée par assonnances qui finit par devenir une versification assez correcte et abondante. Le vers arrivait avec une aisance complète, rimant automatiquement. Cam... intercalait des vers dans tous ses propos et composait avec une ardeur irrésistible, des poèmes sans nombre. Quelques-uns donnaient une idée très nette de son état de dédoublement et s'intitulaient « la Prière » ou « la Voix », rendant très fidèlement l'impression de ses hallucinations et de ses extases.

L'amélioration progressa régulièrement, mais lentement et par oscillations, par le fait d'une lutte incessante contre les hallucinations; lutte d'autant plus difficile à maintenir que Cam..., dès que ses esprits se taisaient, regrettait amèrement leur silence et, parfois les évoquait en cachette pour voir s'ils étaient toujours à sa portée. Elle était, disait-elle, attirée vers son guéridon « comme si c'eût été une morphine ». Néanmoins, la guérison arriva. La malade est actuellement très pieuse, très occupée de questions humanitaires; elle continue à faire des vers sans trêve; mais elle remplit sans aucune défaillance ses devoirs

ressemblent à des déments complètement privés
d'intelligence par leur immobilité et leur silence;
seul, le grand calme heureux et comme souverain
de leur physionomie, permet de deviner qu'il
est en eux, des pensées nombreuses et heureuses.
qui les occupent, et dont on ne saura jamais
l'étendue ni la profondeur.

Tous ces délires, intimement liés à des hallucinations sensorielles ou psycho-motrices, peuvent évoluer progressivement, passant de l'un à l'autre,
avec les plus grandes diversités de liaisons entre
eux. Selon l'intelligence antérieure du malade,
selon la nature (sensorielle ou psycho-motrice) de
de ses hallucinations, l'ambitieux terrestre pourra
devenir apôtre ou dieu, au bout d'un temps plus
ou moins long, avec plus ou moins de pauvreté
ou de richesse dans son délire. Bien plus, la
médiumnomanie (interne ou externe), est, en général, l'aboutissant éloigné des médiumnopathies.
Le délire de grandeur vient comme une consolation, comme une compensation, apporter son
calme heureux dans l'esprit — qui s'affaiblit —,
de certains persécutés. Il est amené par les hallucinations consolantes, ce qui en revient à dire,
— étant donné ce que nous savons sur la nature
des hallucinations — qu'il est amené par ce be-

de mère, d'épouse et de femme du monde, et elle n'est
plus hallucinée. Son mari, enfin éclairé, et son entourage, l'écartent avec une attention soutenue de toute
pratique spirite.

SOLLIER et BOISSIER.
(Ann. médic. psych. Pages 266-272.)

soin impérieux des hommes de rechercher en eux-mêmes, une consolation contre les persécutions, une satisfaction compensatrice contre les soucis — d'où qu'ils viennent —, qui font le plus clair du bilan de la vie humaine.

*
* *

La mélancolie

Et pourtant, il en est qui restent toujours tristes. Leurs tendances naturelles les y poussaient Ce sont les passifs, les timides, les craintifs, les sensibles, les honteux, les *scrupuleux* (1). Une volonté faible, un doute angoissant perpétuel porté par eux-mêmes sur leur propre intelligence, le regret immédiat de toute action commise et l'attente inquiète des conséquences désastreuses qu'elle peut entraîner; — s'il y a religiosité, la crainte d'avoir péché et d'être damné — le besoin de toujours s'appuyer sur des conseils, et la préférence toujours donnée au dernier conseil donné, la peur du monde et la recherche de la solitude, la peur des paroles et l'isolement dans le silence; — avec et y compris la crainte

(1) Scrupuleux prend ici un sens spécial. Il indique les gens qui craignent toujours que toutes leurs actions puissent porter préjudice à quelqu'un, ou être mal interprétées et leur nuire à eux-mêmes.

que le « non-agir » soit désastreux, le conseil mal suivi, la solitude dangereuse et le silence mal interprété. Une vie inquiète et pesante, et douloureuse dans son incertitude...

Voilà de quoi ils étaient pétris auparavant. Voilà ce qu'était leur existence. Vienne, chez de tels sujets, à apparaître l'hallucination : elle contiendra des reproches ; et vienne le délire, ce sera un délire mélancolique. Ce délire peut être très variable comme expression, mais le fond en est toujours le même : « C'est un composé d'idées tristes, telles qu'idées de ruine, d'impuissance, de damnation, de persécution vague et méritée, de déshonneur, surtout de *culpabilité* et de *criminalité imaginaires*. Les malades se croient perdus, couverts de honte ; ils repassent les mille détails de leur vie et y trouvent des forfaits impardonnables pour lesquels ils sont condamnés à de terribles supplices et à la mort ; ils se reprochent tout ce qu'ils font et tout ce qu'ils disent ; ils s'accusent de manquer d'affection pour leurs parents, d'être cause de leur ruine, de leur mort ; ils ont offensé Dieu, fait de mauvaises confessions, commis des sacrilèges, perdu le monde, mérité l'enfer ; ils sont pour tous un objet de réprobation. Pusillanimes et craintifs au plus haut point, ils n'osent pas faire un pas tout seuls, redoutent constamment quelque chose, sans savoir quoi, se croient mourants, en prison, entourés de geôliers, de bourreaux, etc... Bien différents des persécutés, qui rapportent leurs tourments au monde extérieur et accusent les autres de tout ce qu'ils souffrent, les mélancoliques rap-portent à eux-mêmes ce qui se passe de mal autour d'eux et s'en accusent, d'où le nom de *délire d'auto-accusation* donné à leur délire. » (Régis.)

Les esprits s'acharnent après eux: ils ont raison, c'est pour les punir. Les reproches qu'ils leur font, sont mérités, méritées aussi les menaces et les sinistres prédictions. Les visions — rares — sont terrifiantes et angoissantes; cadavres de gens morts par leur faute, esprits menaçants et tenaces comme le remords. La viande qu'on leur sert, a goût de chair humaine, et ils répandent d'infectes odeurs de pourri. L'esprit qui les habite vide leur corps; ils n'ont plus de poumon, de cœur, d'estomac, de cerveau. Tout cela est pourri, et leur gorge est bouchée. Vont-ils à la garde-robe, c'est leur intestin qu'ils y laissent. L'esprit qui s'est emparé d'eux est un esprit du mal, qui les conduira plus sûrement à la damnation éternelle.

Aussi que de tristesse dans leur physionomie; que d'indignité dans leur attitude! Leurs yeux sont sans éclats sous leurs paupières baissées, sous leur front creusé de rides. Leurs traits sont tirés, la commissure des lèvres pend, leurs cheveux sont dénoués, défaits; ils se sont souillés de boue ou de matière en guise de repentir. Ils sont assis, immobiles, les mains jointes, ou agenouillés, ou prosternés contre terre, dans l'attitude de la plus ardente supplication. Leur mise est négligée; souvent ils se refusent à porter tout vêtement, s'exposant, dans leur indignité, au froid qui les mord, pour se punir eux-mêmes.

Tels sont ces infortunés mélancoliques, les plus malheureux des fous. Pour échapper à leurs remords, ils tentent fréquemment de se suicider; et un moyen qu'ils emploient fréquemment à l'asile (où aucun autre n'est à leur disposition), c'est de refuser toute nourriture pour se laisser mourir de faim.

CHAPITRE V

Classification des folies spirites

1° Délires d'origine spirite

Les délires à teinte spirite, sont le plus souvent accompagnés d'hallucinations. Ainsi que nous l'avons vu, le fait est compréhensible, le phénomène spirite ayant des points communs avec l'hallucination, et ayant toute tendance à en produire chez les prédisposés. Toutefois, en certains cas, le délire s'installe sans l'adjuvant de l'automatisme des centres sensoriels ou psycho-moteurs.

Il faut bien le dire, les délirants spirites non hallucinés — *non médiums* — sont des prédisposés au même titre que les autres. Ils présentaient déjà, auparavant, des tendances spéciales : tristesse, méfiance, susceptibilité, orgueil, qui vont être les fils conducteurs de leurs idées délirantes. Et, en tout état de cause, ils auraient pu tirer de tel autre fait de leur vie : religion, politique, mariage, chagrins, pertes cruelles, pertes d'argent, guerres, révolutions, procès, etc...; des causes de délirer. Le spiritisme leur fournit la fantasmagorie de sa doctrine, et de ses périsprits vaquant parmi nous, sans que rien puisse limiter leur savoir, leur vouloir et leur pouvoir.

En l'absence de l'automatisme de leurs centres, qui ne leur fournit ni visions, ni hallucinations auditives, ni révélations par l'écriture et la parole automatique, sur quels points d'appui vont-ils échafauder leur délire ? Sur les illusions et les interprétations délirantes.

L'illusion est bien la perception d'un objet existant, mais une perception erronée ; la fausse interprétation d'une sensation perçue. « L'illusion est à l'hallucination ce que la médisance est à la calomnie. L'illusion s'appuie sur la réalité, mais elle brode ; l'hallucination invente de toutes pièces : elle ne dit pas un mot de vrai. » (Lasègue.)

L'interprétation délirante est « en quelque sorte à l'idée délirante ce que l'illusion est à l'hallucination » (Régis.), c'est la déviation d'une idée ayant un point de départ exact, déviation qui la fait aboutir, par des déductions illogiques, à des conséquences illogiques.

En quelque sorte, donc, l'aliéné halluciné, délire sous l'influence de perceptions fournies par l'automatisme de ses centres : c'est l'intégrité de son système de relation qui est atteint en lui. L'aliéné non halluciné ne doit son délire qu'aux vices de son raisonnement.

Donc, le délirant non halluciné ne fera pas,

pour sa part et en particulier des reproductions morbides de faits spirites, mais il interprétera vicieusement ceux qu'il a vus. Surtout, il tirera des conséquences inadaptées des enseignements de la doctrine spirite.

Parti de là, il évoluera, selon *l'ingénisum* propre de son tempérament et de son caractère, soit dans le sens de la mélancolie, soit dans le sens du délire de persécution, soit dans le sens du délire de grandeurs.

En général, le délire n'est pas absolument pur, c'est-à-dire qu'à côté des idées mélancoliques, on trouve, chez le même malade, des idées de persécution, ou bien qu'aux idées de persécution se joignent des idées de grandeur, ou bien que surviennent des délires autres: mystiques, érotiques, etc... Il se trouve ainsi compliqué, complexe, *polymorphe*, et cela d'autant plus que le malade est d'un esprit plus débile.

Si les idées mélancoliques dominent, elles revêtent souvent la forme *auto-accusatrice*. Le malade lit, dans les journaux, le récit d'un crime dont l'assassin est ignoré, il est témoin d'une mort, même naturelle: la tendance mélancolique de son caractère le fait *interpréter* la chose, et, de déductions délirantes en déductions délirantes, il en aboutit à la persuasion qu'il est l'assassin qu'on recherche, ou qu'il est la cause de la mort. Parfois, il s'accuse d'un crime purement imaginaire, ayant porté sur une personne disparue, mais dont rien ne prouve qu'elle soit morte. Dès lors, il va se mettre aux mains de la police, ou bien il tente de se suicider, ou se suicide quelquefois pour de bon. Si des idées de persécution, plus ou moins systématisées, viennent s'associer au délire mélancolique, elles sont acceptées par le malade comme une rançon, comme une punition méritée pour les fautes imaginaires dc ʼt il se croit coupable. Le spiritisme ouvre un champ vaste aux interprétations délirantes mélancoliques, et aucune limite n'est dressée contre l'absurdité de certains délires : manque d'égard vis-à-vis des esprits, influence mauvaise du malade à leur égard, péchés commis contre la divinité, séquestration de périsprits, etc..., non plus qu'aucune barrière n'est dressée contre l'absurdité des interprétations délirantes de persécution : vengeance des esprits, de Dieu, etc... Seule, la plus ou moins grande richesse du malade en intelligence, en jugement et en raisonnement, permet à tel délire d'être à peu près vraisemblable, tandis que tel autre, n'est qu'un fouillis d'inepties et d'extravagances contradictoires.

Si la persécution domine, elle peut constituer un délire tout à fait inconscient et absurde, ou au contraire un délire bien construit ; ce dernier, connu sous le nom de délire d'interprétation, se développe très lentement, est uniquement amené par des interprétations délirantes très nombreuses, et dure toute la vie, sans aboutir à la démence terminale. En général, le délire de persécution se combine au délire de grandeur, d'emblée. Une systématisation très nette et très précise des idées délirantes, amenée par une intelligence fort vive et intacte sur tous les points qui ne constituent pas le délire, fait de ces malades des raisonnants. « Grâce à sa mémoire toujours en éveil, à sa dialectique très exercée, le sujet peut défendre sa conviction erronée avec des apparences de raison que n'a pas le persécuté halluciné... Il accumule preuves sur preuves, il a pour chaque objection une réponse toute prête, et dans la discussion il cite des dates, pose des dilemnes, s'empare du fait le plus insignifiant et sait l'adapter adroitement aux besoins de sa cause. Sa certitude, assise sur des faits incontestables, confirmés chaque jour par de nouvelles interprétations, est et demeure entière et peut même déterminer des cas de contagion psychique. » (Sérieux.)

Une autre catégorie de malades délirants, non hallucinés, constitue la classe des persécutés-persécuteurs. Persécutés, ceux-là le sont toujours, mais souvent, en même temps que leurs interprétations délirantes leurs fournissent leurs idées de persécution, elles leurs fournissent des idées délirantes autres : érotiques, mystiques, ambitieuses, politiques, etc... qui constituent un système délirant ferme, complet et entier dans ses conclusions, et qu'il est absolument impossible d'arracher au malade, habile qu'il est à le défendre. Deux autres ordres de constatations sont constants : 1° quel que soit le genre de délire, il s'adapte étroitement avec l'ambiance, avec le milieu où le malade vit, et reste « terrestre » — même en cas de délire mystique — par son point de départ et par les réactions auxquelles il entraîne le délirant ; 2° ces réactions sont persécutrices, le malade ayant une tendance absolument caractéristique de poursuivre le triomphe de sa cause par les moyens les plus violents. Faut-il rappeler que Régis, dans un ouvrage important, considère, à juste titre, les régicides comme des persécutés-persécuteurs, après avoir étudié minutieusement ce qu'était l'état mental de Jacques Clément (1), de Ravaillac (2), de Louvel (3), de Guiteau (4), de Caserio (5), de Lucchéni (6), de Bresci (7), etc...

Nous voulons donner ici, comme exemple de ce que sont les persécutés-persécuteurs, — et les interprétations délirantes causes de leur délire, — l'observation de M. José Palma, qui a fait l'objet d'une leçon clinique du docteur Joffroy.

« M. Palma, de son vrai nom, Joseph Palmette, est un thérapeutiste qui guérit les malades par suggestion. Bien qu'étant surtout un disciple de Durville, il s'est occupé de sciences occultes ; pourquoi n'est-il pas devenu un spirite avec délire mystique ? C'est sans doute parce qu'il n'a pas

(1) Assassin de Henri III, le 1er août 1589.
(2) Assassin de Henri IV, le 14 mai 1610.
(3) Assassin du duc de Berry, le 13 février 1820.
(4) Assassin du président Garfield, le 2 juillet 1881.
(5) Assassin du président Carnot, le 24 juin 1894.
(6) Assassin de l'impératrice d'Autriche, le 10 septembre 1898.
(7) Assassin du roi Humbert Ier, le 29 juillet 1900.

présenté de désagrégation de sa conscience et qu'il n'a pas eu d'hallucinations. Quelle est la cause de son délire? Elle réside tout entière dans la haute opinion qu'il a de lui-même, qui l'amène à une exaltation tout à fait exagérée de sa personnalité. Et c'est, partant de ce fait, que le malade est devenu non pas un délirant systématisé mystique, mais un persécuté-persécuteur amoureux.

« Histoire de la maladie. — Elle est particulièrement intéressante. Il a été successivement amoureux de trois actrices. En 1899, sa première maîtresse fut Mlle A... de l'Opéra, qui s'éprit follement de lui. De la scène, elle lui criait: « Je vous aime, je vous adore. » Et, étant donnée sa puissance magnétique, il répondait par signes que l'actrice comprenait parfaitement. Ce fut toute une idylle sans préoccupations charnelles, « un amour de cœur », selon la propre expression de Palma.

« Un jour, l'actrice partit à Nice, et, à son retour, notre malade comprenant qu'il était trompé, lui écrivit une lettre de rupture. A la représentation du soir, Mlle A... ne pouvait retenir ses larmes, mais Palma fut inflexible.

« Une seconde maîtresse, encore à l'Opéra, Mlle B., ne fut pas plus fidèle que la première, elle se mariait en effet peu après.

« Depuis quelque temps déjà, une actrice, tout à fait célèbre cantatrice, d'ailleurs, Mlle C..., cherchait à le séduire. De la scène, elle tendait ses bras vers lui en lui criant: « Poète de l'amour, viens sur mes seins dormir... Je saurai te garder avec moi. etc... etc... » Et Palma, qui la considérait un peu comme une cocotte, après le mariage de Mlle B., se laissa séduire, et l'actrice devint sa troisième et dernière maîtresse. Il ne la voyait que sur la scène, en spectateur, mais c'étaient néanmoins des conversations sentimentales et des coups d'œil significatifs qui duraient toute la soirée. Rentré chez lui, Palma reprenait la plume, et comme il est doué d'un remarquable talent de poète, il composait pour elle des poésies d'une envolée superbe, où vibrait tout son cœur et donnait maint et maint rendez-vous à l'artiste. Et avec quelle joie cette dernière les acceptait. Il voyait arriver sa voiture, il reconnaissait le cocher, mais, soit à cause du mauvais temps, soit par caprice, Mlle C..., ne se montrait jamais. De même que lorsqu'il se présentait chez elle, elle était toujours sortie.

« Et cependant, extrêmement jalouse, elle le suivait en voiture quand il sortait, pour le surveiller ; et, restait-il chez lui, les mêmes voitures passaient et repassaient devant ses fenêtres ! Parfois même, le cocher sifflait pour le prévenir que son amante était là qui l'attendait.

« Un beau jour, cependant, elle lui ouvrit sa porte, mais aussitôt deux agents s'emparèrent de lui, et il fut conduit à l'infirmerie spéciale du dépôt, puis de là, à Sainte-Anne, où il nous raconta avec force détails, l'histoire que nous venons de résumer en quelques lignes.

« D'ailleurs, il était à peine depuis quelques jours à l'asile, qu'il oubliait Mlle C..., et dirigeait ses idées de persécution contre ceux qui l'internaient. Puis il traitait tous les médiums, spirites et somnambules de charlatans et d'escrocs; il n'y avait que lui, capable d'« accomplir des cures merveilleuses : « J'allais parler encore, dit-il, le silence vaut mieux. Malheur à qui naît pour troubler mon chemin. » Et celui-là, qui lui barre sa route, c'est un médecin du dépôt agissant au nom du syndicat médical tout entier, qui a juré de faire disparaître le spiritisme. »

*

* *

Dans les chapitres précédents, nous avons étudié d'une façon très complète ce qu'étaient les délires qui peuvent prendre naissance du spiritisme, et évoluer chez les individus simplement prédisposés. Ils vont constituer le plus important symtôme des maladies mentales que nous avons réunies dans notre première catégorie. L'évolution de ces maladies variera selon leur nature, selon l'état mental précédent du malade, selon une foule d'autres conditions dont les plus importantes seront naturellement le traitement donné au malade et la date de la maladie à laquelle ce traitement a été commencé.

Plus une intelligence est faible, plus un délire s'installe facilement, mais par contre, plus il est

facile à faire disparaître. C'est comme ces constructions de sable que les enfants bâtissent en
une heure, sur la plage, et qui, une heure après,
ont disparu sous le pas des promeneurs ou
les caresses de la vague. C'est inconsistant et
mal construit, mais cela ne laisse pas une grande
trace dans ce cerveau, soubassement trop faible
pour une construction résistante.

Aussi, ce qui caractérise les délires des débiles,
c'est d'abord la rapidité avec laquelle ils s'ins-
tallent: une séance spirite suffit. C'est encore
le mal construit, l'absurde, le contradictoire des
idées délirantes voisinant l'une près de l'autre en
un fouillis d'inepties; c'est enfin la guérison rapide
de la crise délirante, lorsque, par un éloignement
judicieux de la cause du délire, — et le meilleur
éloignement est l'internement — on a remis le
malade plus à même de vivre une vie normale.
C'est enfin, la répétition possible de crises analogues, *la faiblesse congénitale de l'intelligence ne
pouvant présenter d'amélioration*, et restant toujours ce sable inconsistant sur lequel les incidents
de la vie bâtiront sans peine à nouveau les frêles
et inconsistantes constructions délirantes.

Nous nous souvenons avoir vu, à Sainte-Anne,
une malade qui présentait un délire tel que celui
dont nous venons d'esquisser les lignes. Elle n'é-
tait pas internée, venant seulement nous consulter,
sur le conseil de son médecin habituel.

C'était une nommée A.., elle était âgée de
32 ans et vivait seule, de petites rentes, à Paris.

Au point de vue intellectuel, c'était une grande débile, n'ayant recueilli que piètres fruits de l'instruction soignée qu'elle avait reçue. Elle n'était pas mariée, et était restée chaste. Une certaine timidité, disons le manque de qualités nécessaires pour créer de sérieuses amitiés, l'avait laissée très isolée après la mort de ses parents. S'ennuyant chez elle, elle était allée dans une réunion spirite, par désœuvrement.

Il paraît, d'après ses dires, que ce n'était pas une réunion spirite bien importante: elle n'y vit ni apports, ni matérialisations, ni autographisme; elle vit seulement tourner des tables et des chaises, et entendit des coups frappés répondant à des questions, des paroles qui n'avaient rien d'extraordinaire.

Rentrée chez elle, vers les onze heures du soir, elle vit, dans la demi-obscurité de sa chambre, une chaise remuer, entrer en danse, puis, presque aussitôt, au-dessus de la chaise, une petite apparition grotesque, avec un long museau pointu et de petites ailes, apparut, menaçante: c'était le diable en personne, qui poussait des petits cris, s'attachait à la chaise, et subitement vint s'accrocher aux cuisses de l'infortunée. Tout ce début de la crise de délire avait duré un quart d'heure environ. Il y avait huit ou dix mois qu'elle s'était passée quand la malade vint nous voir. Le diable était toujour attaché à elle, seulement, à la suite d'un traitement médical, il avait abandonné les cuisses de la malade et avait élu domicile sur sa poitrine.

Ces dix mois, elle les avait passés à consulter des médecins, dépensant une dizaine de mille francs en soins et médicaments, sans résultats, et ayant d'ailleurs, selon elle, vu plus de cent médecins. Un seul d'entre eux, par une thérapeutique suggestive que nous taisons, car, une fois connue, elle n'aurait plus aucun effet, délivra les cuisses de la malade de la présence diabolique, mais le diable était vite monté sur la poitrine. Elle alla aussi de confesseurs en confesseurs, et en trouva de bien avisés qui l'envoyèrent aux médecins et s'efforcèrent de la dissuader de recourir aux exorcismes, comme elle le leur demandait.

Le diable agissait à son égard avec un sans-gêne plein de gaminerie. Il était mutin, farceur, bon garçon au fond, apprivoisable parfois, mais terriblement méchant et grossier dans ses colères. Il remplissait l'existence de la pauvre femme d'une obsession capricieuse et agissait, en tous cas, comme un insupportable et incorrigible enfant. Il la voulait guider dans ses actions; en colère dès qu'elle lui désobéissait et l'injuriant, la pinçant, la piquant, l'obligeait à faire ce qu'il exigeait. Il s'apaisait un instant, puis bientôt, un nouveau caprice de sa part obligeait la pauvre femme à se déranger, à faire quelque action absurde: aller embrasser le bouton de la porte, faire « trois petits pâtés, ma chemise brûle », faire la culbute. Et cependant, il se moquait d'elle, la raillait, faisait de mauvaises plaisanteries, sur son âge, son anatomie, sa chasteté.

Il aimait à la voir bien habillée, et, pour lui obéir, elle s'habillait avec coquetterie. Il ne voulait quelquefois pas se coucher et la forçait à veiller, elle aussi. Il lui cachait ses affaires, il crachait sur ses aliments, ou mettait dessus de la poussière et des ordures, il faisait de « mauvaises odeurs » dans la chambre. Puis, parfois, il était gentil, se pelotonnait, « ronronnait » et s'endormait sur la poitrine de la pauvre femme, délivrée pour un moment, mais n'osant plus bouger, de peur qu'il ne s'éveille.

Elle, elle passait sa vie, partagée entre l'inquiétude, la crainte, la colère, l'appréhension et quelques courts repos. Etait-il « sage », il ne lui était pas autrement désagréable de l'avoir avec elle — somme toute, c'était un compagnon. — Mais « sage », il l'était si rarement. Elle s'efforçait alors de l'amadouer, lui causant gentiment, lui offrant des friandises, du fromage de gruyère (¹), qu'il aimait par dessus tout. Puis, s'il ne se calmait pas, elle finissait — à la longue, car elle n'était pas coléreuse, — par s'emporter : elle l'injuriait, il répondait, et comment ? Il la pinçait, la piquait, et alors, folle de rage, elle se martelait la poitrine de coups de poings, de coups de martinet (²), de coups de bâtons, se mettant

---

(1) Elle nous apporta à l'asile un morceau de ce fromage, acheté par elle la veille, et dont il avait mangé. « Voyez, nous disait-elle, la trace de ses trois petites dents. » Mais pour la voir, cette trace, il fallait vraiment avoir les yeux de la foi.

(2) Elle avait acheté un martinet exprès pour lui.

elle-même en sang, dans l'espoir de la châtier et de l'écraser. Un jour, elle se brûla la poitrine avec une bougie, pour le faire fuir ou le brûler. Elle avait par moments, des désirs d'en finir avec la vie, et, si elle ne s'est pas suicidée, c'est parce que le diable eut, dans ces paroxysmes de colère et de désespoir, le bon goût de se taire et de n'avoir point le dernier mot.

Nous avons soigné Mlle A... pendant quelques jours, mais en vain. Nous ne l'avons point revue depuis. Il y a tout lieu de croire que si elle avait voulu suivre nos conseils et entrer en traitement à l'asile, elle aurait été délivrée — pour un temps, seulement, c'est bien probable, — de toute cette gaminerie diabolique (¹).

Après les délires inconsistants et fugaces des débiles, viennent les délires, mieux charpentés, des dégénérés. En général, ils sont plus longs à paraître. Plus lentement ils s'organisent, mieux ils sont construits, et aussi plus ils durent. Ordinairement, ils présentent une association d'idées de persécution et d'idées de grandeur, comme les y préparait le caractère susceptible et orgueilleux du malade ; mais toutes les associations sont possibles, comme possible aussi est l'unité d'idée délirante. Ils n'ont jamais l'absurdité des délires

(1) Cette malade fut vue, en même temps que par nous, par M. le docteur Joffroy, par M. Vurpas médecin de la Salpétrière et par M. Juquelier, médecin des Asiles.

des débiles, mais leur correction et leur tenue dépendent aussi de l'ampleur de l'intelligence des dégénérés.

On s'accorde pour attribuer aux dégénérés le plus grand nombre des délires non hallucinatoires, mais ils peuvent aussi avoir des délires à base d'hallucinations.

Au premier titre, c'est chez les dégénérés que l'on rencontre : le délire des mélancoliques persécutés que nous avons décrit au chapitre précédent. Prédominent, selon les cas, les idées de persécution ou les idées mélancoliques, mais ce qui reste constant, c'est la tristesse du malade et la tendance au suicide qui dépend d'elle. L'activité des idées délirantes modifie aussi la physionomie de la maladie, et tel malade (tel Jean-Jacques Rousseau, selon Régis) peut passer une vie inquiète et douloureuse du fait d'idées délirantes peu actives, mais une vie libre, tandis que tel autre malade est forcément interné. Le délire des persécutés mélancoliques est parfois curable, tandis que d'autres fois, il s'accroît en se systématisant de plus en plus et devient chronique, aboutissant quelquefois, à la dernière période, à un délire mixte de persécution et de grandeur.

Appartient également à la catégorie des maladies mentales non hallucinatoires des dégénérés, le délire d'interprétation de Sérieux. Nous rappelons ce que nous avons dit au chapitre précédent de sa lenteur de début, de sa longueur d'évolution, de la richesse de sa construction, de sa chronicité. Habituellement formé de l'association d'idées de persécution et de grandeur, il finit par déterminer le malade à des revendications sans nombre, à des plaintes à la police, aux tribunaux, au gouvernement, quand ce n'est pas à des réactions violentes, et directes contre ses persécuteurs imaginaires.

Enfin, aux dégénérés appartient en propre le délire des persécutés-persécuteurs. Né d'interprétations délirantes, basé sur une idée fixe, il se confirme et se complète chaque jour de tous les faits de la vie courante, interprétés d'une façon délirante. Contenant toujours des idées de persécutions, le délire des persécutés-persécuteurs s'associe des idées délirantes autres, d'inventions, de grandeur, de jalousie, de religion, formant avec elles un tout concret, compact, uni par les mille liens des interprétations délirantes. Ce tout compact constitue pour le malade « sa cause » qui doit triompher par tous les moyens. Et ceux-ci sont innombrables : lettres, protestations, menaces, plaintes à la police, mise en mouvement de tout l'arsenal judiciaire, huissiers, avoués, procès constamment traînés de première instance en appel, et d'appel en cassation ; appel à l'opinion publique par voie d'affiches, par voie de réunions publiques, par brochures et volumes, par les journaux ; enfin, quand tout est épuisé — et même parfois avant, et même parfois d'emblée, — action directe, voies de fait et meurtre.

Les persécutés - persécuteurs sont les aliénés les plus dangereux, et le danger qu'ils présentent **est** d'autant plus grand que leur délire, d'apparence raisonnable, n'aboutit que tardivement à l'internement, n'y aboutit parfois qu'à la suite d'un non-lieu, le malade ayant été arrêté pour meurtre. Ils ont une vie délirante longue en dehors de l'asile, et c'est à ce moment-là qu'ils se plaignent, menacent et tuent, ou *tuent parfois d'emblée, sans plaintes ni menaces,* ou bien sans que la personne menacée n'ait été avisée de leurs plaintes, celles-ci étant adressées à la police ou à des tiers. Et c'est bien pourquoi nous devons crier « gare » aux spirites. Prenez garde que ce convaincu, ce militant, cet enthousiaste plus royaliste que le roi et plus spirite que le médium lui-même, ne soit un persécuté - persécuteur qui vienne vous demander les bâtons dont il vous rouera de coups et les armes dont il vous percera.

Enfin, les dégénérés peuvent avoir des délires à base d'hallucination. Ces délires constituent une entité morbide appelée *délire systématisé aigu.* Très complexe dans ses associations délirantes, cette maladie débute avec une certaine brusquerie, qui empêche une systématisation bien solide. Les hallucinations jouent un rôle prépondérant; elles sont multiples, mobiles, très actives, souvent terrifiantes, en rapport avec les idées délirantes. La confusion d'esprit, la désorientation, des troubles profonds de la conscience s'y associent parfois et contribuent à leur donner une apparence suffisante de folie pour que l'internement s'impose vite. La terminaison est variable. Souvent curable, la maladie est dans certains cas, sujette à des récidives, à des rechutes. Elle peut aussi devenir chronique ou enfin « verser rapidement dans un état d'affaiblissement mental, de démence précoce. » (Régis.)

Dans le cadre des maladies mentales de première catégorie, nous trouvons le délire systématisé chronique. En fait de délire systématisé chronique, nous en avons déjà rencontré deux : délire chronique d'interprétation et délire des persécutés - persécuteurs. Mais ces deux dernières maladies évoluent sans hallucinations et surviennent chez des dégénérés, tandis que le délire systématisé chronique est de nature hallucinatoire et survient seulement chez les prédisposés, sans tares dégénératives. La prédisposition est congénitale : c'est un germe reçu en naissant (Régis), qui se marque par la ... onstitution paranoïenne : caractère sombre, défiant, ombrageux, enclin à la misanthropie et à l'orgueil (Del Greco).

L'évolution de cette maladie est lente en ses trois stades. Au début, le malade ressent des phénomènes douloureux légers dans son organisme, qui ne sont au fond que ceux que tout individu ressent, mais dont le malade s'inquiète outre mesure. Il s'examine, se scrute, et bientôt ressent des phénomènes résolument anormaux, ceux-là, qui marquent un début d'automatisme cérébral. Très rapidement, il cherche la cause de toutes ces sensations au dehors de lui, et, étant donné son caractère méfiant, au fur et à mesure qu'il scrute son entourage, il s'aperçoit qu'il change, que ses dispositions sont mauvaises à son égard, qu'on fait des signes et qu'on chuchote quand il passe. Il se sent vite isolé au milieu d'ennemis et en a pour un temps un découragement profond avec idées de suicide. Mais il ne cède pas à ces idées, accepte la lutte, cherche à s'éclairer sur la nature de cette animosité générale, allant en chercher des preuves jusque dans son passé.

C'est alors que débutent les hallucinations. Parfois olfactives ou gustatives, ou tactiles, vagues, elles sont le plus souvent auditives, et débutent d'abord par des perceptions peu compliquées : plaintes, détonations, sons de cloches, voix confuses. Puis elles sont plus nettes, contiennent des injures, des menaces, puis des phrases entières, puis des phrases qu'il allait prononcer, sont prononcées par avance dans sa tête (écho de la pensée) ainsi d'ailleurs que des pensées qu'il voulait cacher sont divulguées de la même manière, *et tout le monde les entend.*

D'autres hallucinations s'en mêlent, olfactives (on lui fait sentir des mauvaises odeurs), gustatives (on l'empoisonne), tactiles (on le maltraite, on le brûle, on l'électrise). Et pendant ce temps, le délire marche : c'est d'abord « on » qu'il accuse, ignorant ses persécuteurs, puis c'est un individu, un groupe d'individus, la police, la fausse police, les francs maçons, les jésuites, les *esprits*, les *médiur.* s, puis c'est tout le monde qui se mêle du complot, les voisins, les parents, les amis, la ville entière qui, pour le persécuter, utilisent des piles électriques, des tuyaux acous-tiques, des téléphones, des phonographes, des rayons X, des rayons N, de la télégraphie sans fil, du radium et des ondes hertziennes et de la télépathie, qu'ils ont placés jusque dans les murs c' le plafond de sa chambre.

Alors, les hallucinés se protègent, ils se bou-chent les oreilles, se munissent de casques, de cottes de mailles et de cuirasses. Puis ils se défen-dent, ils déménagent, quittent leur ville, leur pa-trie. Ils se plaignent à la police, aux tribunaux, au gouvernement. A la fin, ils songent à se *faire jus-tice eux-mêmes.* « Le plus grand danger que puisse courir un individu, dit Régis, est d'être pris par un persécuté pour l'âme du complot qui l'entoure, pour le personnage contre lequel il doit se venger; danger d'autant plus grand qu'il est ignoré, et que le malade, en pleine posses-sion de ses moyens intellectuels, met au service de sa haine, une astuce et une énergie extraor-dinaire. »

Alors peut s'établir une espèce de dépersonnali-sation, du fait d'hallucinations psycho-motrices; ou bien viennent des hallucinations consolantes. Mais, à cette période de leur maladie, ces malades dangereux, impulsifs, ont un caractère mauvais, une attitude générale, une expression et un regard fixes, défiants, malveillants, provocateurs. Ils répondront impoliment, brièvement, et, parfois, quand ils répondent longuement et s'expliquent, on remarque dans leur langage des mots nouveaux, étranges, fabriqués de toutes pièces, par lesquels ils désignent leurs persécuteurs ou expriment leur délire.

C'est là un signe de chronicité. Au bout d'un temps plus ou moins long, les malades arrivent au troisième stade de la maladie, à la transformation de la personnalité. Celle-ci se fait soit brusquement, sous l'influence d'une hallucination, soit lentement, par le fait même de l'évolution logique du délire, soit par le phénomène de la dissociation de la personnalité (que nous avons décrit antérieurement. Voir chap. IV.). Cette transformation de la personnalité est un indice de la *démence* qui s'établit; comme le dit Charpentier, pour qu'un persécuté devienne mégalomane, il faut qu'il soit: 1° un sot; 2° un fat; 3° un orgueilleux; 4° un insuffisant. Cette insuffisance, c'est de la démence qui débute.

Quoi qu'il en soit, une fois cette transformation effectuée, les idées de persécution diminuent et s'effacent, ainsi que les hallucinations, qui mettent beaucoup plus de temps à disparaître. Le malade est toujours orgueilleux et méchant, mais il cesse d'être dangereux. Il porte sur ses vêtements les attributs de ses titres imaginaires, et s'efforce de ressembler, par la coupe des cheveux et de la barbe, à la personnalité dont il se croit la personnification. Son attitude est fière, digne, majestueuse, solennelle. Mais il parle peu, ne fraye pas avec les autres malades. Son langage est d'ailleurs rendu souvent incompréhensible par l'accumulation de mots nouveaux, bizarres, dont nous avons parlé.

Puis la démence devient complète, souvent au bout d'un temps fort long, et « plonge peu à peu dans un néant confus toutes les conceptions vaniteuses de ces malades. » (Régis.)

Le délire systématisé chronique peut aussi prendre une tournure mystique, mais l'évolution de la maladie est la même. L'interprétation des phénomènes du début change, voilà tout. Au lieu d'être victime de persécutions humaines, le délirant est victime de persécutions diaboliques (s'il est religieux) ou sublimiales (s'il est spirite). Mais ce sont des persécutions analogues. Les hallucinations sont aussi fréquentes, et aussi désobligeantes, mais elles sont, plus souvent que dans le délire des persécutés, psycho-motrices ou visuelles. Elles poussent le malade aux mêmes moyens de défense, et les mêmes réactions dangereuses contre ceux qu'ils croient avoir été les suppôts du démon ou les *excitateurs des esprits*. De même les hallucinations consolantes surviennent, de même s'établit ce langage particulier, fait de mots nouveaux bizarres, de même survient

la transformation de personnalité et la démence
consécutive.

Que dire maintenant des délires des névropathes ? Quelle description donner de cet embrouil·
lamini qui resterait incomplètement étudié au bout
de cent « Bottins »? Comment dépelotonner cet
assemblage confus où rentrent tous les délires
décrits, avec toutes les complexités, toutes les
complications de leurs associations entre eux, et
à qui se joignent toutes les simulations cons·
cientes et subconscientes, tous les mensonges,
toutes les exagérations? Comment décrire leur
évolution, à ces délires dont certains durent un
jour, d'autres un mois, ou un an, ou dix ans,
ou toujours, et qui passent d'une forme à l'autre avec la plus étrange soudaineté et au mépris
du diagnostic le plus sûr? Comment de ce fouillis
tirer les complications de tous ces vertiges, de
toutes ces crises, de toutes ces fugues, de
toutes ces léthargies, catalepsies, somnambulis-
mes, de toutes ces maladies mentales et générales, fébriles ou non, simulées consciemment
ou inconsciemment et de tous ces *stigmates* et
de toutes ces guérisons éberluantes, parfois simulées elles-mêmes? Comment en un mot décrire
cette hystérie, sur laquelle les avis diffèrent à
ce point que toute école et même tout médecin
professent sur elle des théories différentes, à ce
point que toute son étude est toujours à recom·
mencer? Et, quand nous aurons semé une page

entière de points d'interrogation découragés et désolés, comment ne pas nous en tenir là, satisfait si le lecteur a bien conscience qu'il ne sera éclairé dans son diagnostic — si diagnostic il doit porter, — que par l'abracadabrance, le contradictoire et le fouillis de ces délires et de leur évolution.

Et pourtant, nous ajouterons quelque chose : que les délires des névropathes sont dangereux comme tous les autres, et, comme tous les autres, que les dangers qui en peuvent naître, sont brusques comme une impulsion, ou longs et savamment préparés comme une préméditation. De plus, les névropathes (en général femmes) sont dangereux par leurs dénonciations mensongères : dénonciation d'escroquerie, de vol, de tentatives amoureuses, de viols surtout, et ces dénonciations sont parfois assez habiles pour attirer sur les personnes visées, les pires des punitions légales avec le complément indispensable du déshonneur. De plus, agents de simulation, au mensonge constant, à l'esprit d'intrigue toujours en éveil, elles excellent à la mise en scène de situations embarrassantes ou dangereuses dont la victime sort rarement indemne, sans coups, sans ridicule ou sans honte. Et tout cela, avec le plus délicieux sourire, souvent sans la moindre méchanceté et ce qui est plus fort, sans qu'on puisse s'en fâcher, puisque bien des fois, cela est fait inconsciemment.

Quant aux délires mélancoliques que nous avons indiqués comme dernière maladie mentale de notre première catégorie, nous les avons étudiées en détail dans notre chapitre. Nous prions donc le lecteur de se reporter à cette description, nous bornant à ajouter que leur évolution est souvent assez rapide, et qu'ils sont en général curables, mais sujets à des récidives.

*
* *

2° Folies dont le spiritisme n'est pas l'origine, mais dont il « colore » les délires

Passons maintenant aux maladies de notre seconde catégorie. Ces maladies auraient évolué en l'absence de toute préoccupation spirite. Elles sont dues à une autre cause. Le spiritisme n'a sur elles nul autre effet que de colorer leur délire, et n'est donc pas dangereux à leur égard. Mais la réciproque n'est pas vraie, et les malades peuvent être, de par leur délire, dangereux pour les spirites.

Nous serons bref dans leur description: d'une part parce que le spiritisme n'est pour rien dans leur évolution, d'autre part, parce que la teinte spirite du délire est beaucoup moins consistante, complète, ou durable que dans les folies de la première catégorie.

Maladie de l'adolescence ou du moins, du tout début de l'âge adulte, la démence précoce est remarquable par l'appauvrissement intellectuel plus ou moins marqué qui s'établit après la crise — ou après la série de crises.

Les causes sont: d'une part l'hérédité (de toute nature: psychopatique, névropathique, alcoolique, arthritique, similaire), qui n'a déterminé, pendant les premières années de la vie, aucun incident fâcheux; puis le surmenage, les émotions vives, le traumatisme, et surtout toutes les maladies graves et toutes les causes d'intoxication.

Débutant par des phénomènes d'apathie, d'indifférence, de changement de caractère, d'extravagance dans les paroles et les actes, de contradiction dans les attitudes et surtout de modifications dans l'affectivité, — ces phénomènes durant plus ou moins longtemps, — la démence précoce peut évoluer suivant quatre formes :

La démence simple: affaiblissement intellectuel progressif sans excitation ni délire.

La démence précoce hébéphrénique: crises d'agitation et de dépression alternées — avec troubles délirants confus, non systématisés, avec ou sans hallucination, — et accompagnées de confusion et d'imprécision dans les idées.

La démence précoce catatonique: suite de phases de dépression, d'excitation et de stupeur, — accompagnées d'un état musculaire particulier qui rend les membres comparables à une cire molle qu'on peut manier à son gré et qui conservent indéfiniment la position donnée, — et pendant lesquelles évoluent des conceptions délirantes actives mais mal systématisées.

La démence précoce paranoïde, plus spécialement marqué par un délire mieux systématisé que dans les formes précédentes, toutefois souvent absurde et contradictoire et qui porte la marque de l'affaiblissement intellectuel en voie d'installation.

(Ce sont ces délires peu ou mal systématisés qui peuvent prendre une teinte spirite, si des préoccupations spirites antérieures existaient chez le malade, mais à cette teinte spirite se mêlent en général des idées délirantes autres, sans rapport avec le spiritisme.)

Les dangers que peuvent présenter les déments précoces tiennent surtout aux impulsions subites de ceux-ci, lesquelles impulsions tiennent moins au délire qu'à l'excitation qui, d'ailleurs, peut débuter avec une déconcertante brusquerie. —

L'évolution de la démence précoce se fait parfois d'emblée : une crise puis la démence définitive ; ou, plus souvent, en plusieurs stades : plusieurs crises, séparées par des intervalles plus ou moins longs, puis la démence définitive ; quelquefois enfin, après une ou plusieurs crises, même graves et prolongées, la guérison vient, laissant le malade

dans un état d'affaiblissement intellectuel qui est
parfois très peu marqué.

Les folies toxiques, peuvent tenir à l'introduc-
tion dans l'organisme de divers poisons, soit extérieurs (alcool, morphine, cocaïne, haschich,
opium, éther, etc....) soit intérieurs (auto-intoxica-
tions diverses). Nous nous bornerons à la description du délire alcoolique (1), le plus fréquent.

Il est, naturellement dû à l'alcool, mais aussi,
à certaines prédispositions héréditaires : les fils
d'alcooliques sont plus enclins à *faire* du délire alcoolique. Il est d'une durée très courte, mais
d'une évolution particulièrement théâtrale.

Au début, inquiétude vague, puis très rapidement, des hallucinations apparaissent. Ce sont
des hallucinations de la vue, multiples, muettes
et terrifiantes : visions d'animaux, de cadavres,
d'assassins, de linges ensanglantés, d'incendie, qui
sortent de tous les coins de la chambre, de dans
le lit ; elles frappent le malade d'une terreur
atroce, trémulante et immobile, ou le poussent à
des fuites éperdues au cours desquelles il peut
tuer qui le gêne ou se suicider. Entouré
d'épouvantables figures menaçantes, le malade vit
tout à fait en dehors de l'ambiance, comme en un
rêve, et les personnes qui l'entourent viennent
se mêler à ce rêve, déformées aux yeux du malade

---

(1) Encore nous en tenons-nous au délire subaigu,
laissant de côté le délire aigu (ivresse), le délire sur-
aigu (delirium tremens), et la démence alcoolique.

et aussi menaçantes que les visions imaginaires.
Il arrive fréquemment que le malade tue ces personnes dont l'aspect l'épouvante au même degré
que ses hallucinations.

Cela dure deux jours, trois jours, puis décroît
progressivement. Au bout de huit jours, il ne
reste plus rien... que beaucoup de vaisselle cassée,
et quelquefois des victimes.

Peu importe, somme toute, que des « *esprits* »
viennent se mêler au cortège terrifiant qui hallu-
cine le malade, mais il importe vraiment de ne
pas être là pendant que tout ce délire évolue.

La paralysie générale est une maladie terrible.
Elle est fréquente, d'abord, et même de plus en
plus fréquente, elle évolue rapidement, et elle est
toujours mortelle.

Sa véritable cause, c'est la syphilis. Viennent
s'y joindre le surmenage, l'alcoolisme, les trau-
matismes crâniens, etc...

Elle se caractérise par un affaiblissement intellectuel progressif diminuant de plus en plus l'intelligence du malade, et constituant un fond sur
lequel évoluent — quelquefois — des idées délirantes, avec ou sans hallucinations. Ces idées délirantes sont surtout des idées de grandeur, plus
rarement des idées délirantes d'autre nature. Leur
caractère commun, c'est d'être vagues, confuses,
contradictoires et toujours profondément absurdes; parfois, elles se mêlent les unes aux autres,
d'autres fois, elles se succèdent les unes aux

autres. Elles n'influent que rarement sur la cordialité, la bonhommie que l'on observe fréquemment chez ces malades, et elles s'effacent en général, au moment où, la maladie ayant évolué, la démence complète survient, avec l'affaiblissement général qui la corrobore, et qui précède de peu la mort.

Toute cette évolution se fait en deux à cinq ans, rarement davantage. Ces délires sont trop inconsistants et contradictoires pour être bien dangereux et d'ailleurs, le malade est interné, ou dûment surveillé quand ils se produisent. Mais où le paralytique général est dangereux, c'est lors des débuts, quand sa maladie n'est pas confirmée. Alors, il ne délire pas, il exagère. Il faut se méfier de ces hommes affables et grandiloquents qui, entre 35 et 45 ans (parfois avant, rarement après), viennent se mêler aux réunions spirites et s'enthousiasment dès l'abord. Ils encombrent la séance d'originalités et d'excentricités, souvent bons garçons quand on les empêche d'agir, mais capables aussi de colères terribles, surtout quand on les contredit trop longtemps. Il faut craindre aussi d'entrer en relation d'affaire avec eux, de fournir de l'argent pour leurs entreprises hasardées, quelque mirobolantes que soient leurs explications, quelqu'élevés que soient les bénéfices qu'ils nous assurent, *la main sur la conscience*. Il faut tenir pour ce qu'ils valent tout ce brillant, toute cette activité dévorante, dernière lueur d'une lampe qui va s'éteindre, et, pour leur bien comme pour le vôtre, il faut doucement les repousser et les renvoyer.

La folie maniaque dépressive est une affection longue et incurable qui marche par à coups, par crises successives, séparées ou non par des intervalles de repos. Les crises sont de deux ordres : excitation maniaque et dépression mélancolique.

L'excitation maniaque, ou manie, est marquée par une suractivité intense et désordonnée des fonctions physiques, avec mobilité extrême des idées, loquacité interminable, cris, chants. L'insomnie est de règle au cours de cette maladie. Les délires sont inconstants, souvent remplacés par une simple exagération dans l'appréciation des faits ; les hallucinations sont rares. Ce qui caractérise surtout les idées délirantes, c'est leur extrême mobilité. Aussi est-il peu important que ces idées soient de nature spirite ou d'une autre nature.

Quant à la dépression mélancolique, nous l'avons déjà décrite, elle et ses délires.

Les crises maniaque et mélancolique se succèdent sans intervalle de repos dans la forme circulaire, et avec des intervalles de repos dans la forme intermittente. La durée des crises et des intervalles de repos est très variable selon les individus, mais à peu près constamment la même pour chaque malade. Au bout d'un nombre plus ou moins grand de crises, la démence terminale s'établit.

L'âge avancé s'accompagne souvent d'une diminution plus ou moins notable des facultés intellectuelles. Tantôt le domaine effectif s'en ressent surtout : l'égoïsme des vieillards est une chose connue ; tantôt l'apparition d'une avarice sordide indique des troubles dans le domaine passionnel ; tantôt la lucidité disparaît en même temps que la mémoire s'affaiblit, et ce sont là les troubles de l'intelligence proprement dite. La date d'apparition de ces déchéances varie selon les individus, mais elle est d'autant plus précoce qu'aux simples causes de la sénélité se joignent les causes d'excès antérieurs de tout genre, en particulier, excès d'alcool et excès de plaisirs sensuels.

Quand cet affaiblissement laisse au malade une certaine portion d'intelligence, on le dit atteint d'affaiblissement intellectuel sénile ; quand l'intelligence est tout à fait disparue, on le dit atteint de démence. Deux degrés d'une même cause.

Dans le premier degré seul on observe des délires. Ces délires sont vagues, variables, puérils, incohérents,; roulant le plus souvent sur des idées de persécution, de vol, de ruine, d'hypocondrie, d'érotisme, de grandeur, etc... On voit comment les préoccupations spirites peuvent se mêler dans ces délires. Nous avons rapporté à la *Société de Psychologie* (9 décembre 1904) un cas de délire spirite survenu chez un affaibli sénile. La fréquentation de séances spirites avait fini à déterminer chez ce vieillard de l'automatisme graphique. Sous la « dictée des esprits », il écrivit deux volumes de prédictions absurdes, enfantines et incohérentes, où successivement l'esprit de vérité, Jésus-Christ et le Saint-Esprit venaient signer des niaiseries et des coq-à-l'âne. Ces « révélations », le malade les fit éditer en deux volumes, l'un de 620 pages, l'autre de 160 pages, y employant toutes ses modestes ressources. Il mourut à l'asile complètement dément, ayant tout oublié de son délire de médiumnité.

Avant l'affaiblissement intellectuel, dans certains cas, on observe de la mélancolie présénile. Dans cette mélancolie, les accès délirants sont la règle; ce sont en général, des délires de persécution, de vol, de ruine, d'empoisonnement, d'hypocondrie. Ils s'accompagnent d'anxiété, de plaintes, de pleurs, de gémissements, et aboutissent en général à des tendances au suicide. La progression de l'affaiblissement intellectuel finit par effacer tous ces délires.

Ainsi donc, dans ces folies dont on ne peut rattacher la cause au spiritisme, il peut y avoir des idées délirantes de couleur spirite. Mais, au contraire des maladies mentales de la première catégorie, ces délires ne se systématisent point: elles restent toujours négligeables par leur inconsistance, leur caractère vague et contradictoire; leur puérilité ou leur rapidité d'évolution. Mais elles ne sont pas négligeables, en général, lorsque l'on songe à ce que peuvent être leurs conséquences: soit qu'elles poussent le malade à des impulsions dangereuses, soit qu'elles le déterminent à des réactions dangereuses, soit que l'affaiblissement intellectuel profond ne prémunissent pas le malade contre ce que ses idées délirantes peuvent avoir de dangereux; elles aboutissent à tous les coups et blessures, vols et viols, meurtres et suicides que l'on rencontre à chacune des pages de l'histoire de la folie.

CHAPITRE VI

Conclusion

Et maintenant, nous connaissons les fous et prédisposés qui, parmi les savants consciencieux, les esprits curieux, les croyants bien équilibrés et les sceptiques, se glissent dans les salles spirites, courant à ces mystères comme à un danger qui n'est danger que pour eux seuls, mais y apportent un danger pour tous les autres.

Le danger pour eux seuls, c'est l'hallucination et le délire. Ils tirent le premier des faits spirites et le second de la doctrine; la plupart du temps, les deux surviennent ensemble et proviennent en même temps du fait et de l'idée. Toutefois, en certains cas, un délire mystique, employant dans sa construction les dogmes religieux, peut succéder aux hallucinations de nature spirite: nous en avons cité un cas. D'autres fois, le délire évolue sans hallucinations. Le plus souvent, une grande complication règne dans le délire, soit qu'il soit mal construit par un cerveau débile, soit que la com-

plication vienne de l'intromission dans ce délire
de tous les faits de la vie interprétés de façon
délirante. Enfin, ces délires peuvent entraîner
le suicide, ultime danger pour les délirants eux-
même.

Le danger qu'ils apportent pour les autres tient
soit à l'évolution du délire, soit aux impulsions
et réactions de tous genres qu'ils doivent à leur
esprit malade pour d'autre causes. De ces dangers, le plus net, c'est le meurtre. Nous avons
déjà vu comment il se produisait, quelle était,
dans certains cas, sa brusquerie toute impulsive,
comment il était, dans d'autres cas, savamment
et astucieusement préparé. *De ce danger, nul n'est
sauf* parmi les personnes qui assistent aux réunions spirites, mais les médiums sont plus spécialement menacés, car ils ont le rôle le plus en vue.

Un autre danger, que courent moins les gens
que la doctrine spirite, résulte des exagérations
et des absurdités que mêlent à la doctrine certains
aliénés, en général médiumnomanes qui, se
croyant médiums, prêchent et évangélisent. Si le
spiritisme a l'ambition de devenir une science, en-
visagée sérieusement, il peut lui importer qu'il ne
s'y mêle aucune niaiserie, aucune absurdité contradictoire, aucune exagération inopportune, tenant uniquement au délire plus ou moins vraisemblable d'un aliéné. Cela discrédite le spiritisme
auprès des sceptiques qui s'emparent de ces faits,
les publient et s'en gaussent, et aussi auprès du
gros public, qui, avec raison, se récrie au nom

du bon sens. On a tôt fait d'étendre à toute une doctrine les insanités qu'un quelconque des doctrinaires a pu prononcer, surtout quand il s'agit d'une doctrine en somme peu connue, aux dogmes sans limites comme sans preuves, et dans ce cas-là, on est porté à y mêler toutes les hérésies stupides ou tous les schismes délirants. Outre les bêtises qu'ils y introduisent, les médiums délirants rendent la doctrine plus floue et plus inconséquente, si bien que l'assidu spirite, ne sachant plus que croire, écoute ce médium, épouse l'hérésie, adopte le schisme, et nuit ainsi à *l'unité* de ce que Maxwell appelle *l'église spirite*.

Enfin un autre danger menace le fait spirite lui-même : la fraude. De ces fraudes, nombreuses, il en est beaucoup de conscientes, et de voulues, surtout « quand le médium devient un professionnel exploité par un manager ou un barnum ». (Grasset). Mais il en est aussi d'inconscientes, provoquées par des délirants et surtout par des névropathes. En voici des exemples, que j'extrais de l'*Occultisme* de Grasset : « Voici un fait qui prouve l'irresponsabilité d'Eusapia : un jour, ce médium appelle Lodge, Myers et Ochorowicz pour entendre « des coups dans la table ». Ils arrivent et constatent facilement que c'était elle-même qui frappait avec sa bottine. Lorsque je lui fis cette observation, dit Ochorowicz, elle recula un peu, tout en niant le fait. — C'est étrange, tout de même ; quelque chose pousse mon pied vers la table. *Sentite ! sentite !*... — Elle était tellement sûre du phénomène, qu'elle insista pour que je lie son pied avec le mien à l'aide d'un cordon. Et quand cela fut fait, je sentis qu'elle tirait le cordon en tordant ses pieds; elle le tournait de façon à pouvoir frapper la table avec son talon. C'était évident pour tout le monde, sauf pour elle-même... J'ai vu des médiums taper avec leur poing contre la muraille, devant témoins, tout en prétendant que c'était l'esprit qui tapait. Un étudiant en droit, médium d'ordre inférieur, s'appliqua, en vue de tout le monde, un soufflet, dont il était fort effrayé. Il n'était pas en transe constante et il s'obstinait à nous convaincre que c'était l'esprit de Xantippe, femme de Socrate, qui lui avait infligé cette admonestation. »

Ces fraudes nuisent aux faits spirites, plus encore que les absurdités délirantes ne nuisent à la doctrine. Elles nuisent au spiritisme en général, en permettant au doute de s'introduire, concernant les phénomènes qui sont à sa base. De ces fraudes, les croyants s'irritent, les sceptiques s'amusent, et le public rit du bon rire de l'incrédulité. Elles font au spiritisme plus de mal que les attaques de ses ennemis, de même que le souvenir d'Alexandre VI est plus nuisible à la dignité papale que les élucubrations de Leo Taxil ou les libelles injurieux des ennemis de la religion.

Donc, pour ces prédisposés et fous comme pour les assistants normaux et pour l'avenir même du spiritisme, nous crions: Gare! prenez garde! Evitez des folies et du même coup, évitez des dangers. Filtrez votre assistance : mieux valent cent sceptiques qu'un seul fou. Epargnez à votre bon grain le contact grotesque et périlleux de cette ivraie. Vous, les fils prédisposés et dégénérés de parents malsains ou consanguins ou qui vous eurent dans leur vieillesse, prenez garde à la désintégration qui guette votre cerveau, « ne compliquez pas votre vie (1) » de tous ces mystères et de tous ces miracles, évitez les curiosités et vivez *simple*. Vous — dont j'espère surtout être entendu, — les savants consciencieux, les bien équilibrés, les curieux, ne vous laissez pas embarrasser de ces périlleuses promiscuités. Epargnez-leur la folie, épargnez-vous les dangers, garantissez votre doctrine et vos faits pré-scientifiques. Etablissez une douane sanitaire à l'entrée de vos séances, et sûrs désormais d'être entre gens sains d'esprits, découvrez-nous une nouvelle science!

(1) Pierre Véber. — *Amour! Amour!*

Bibliographie

B. BALL. — *La Folie religieuse*. In Leçons sur les maladies mentales, Paris, 1887.

GILBERT BALLET. — *Swedenborg*. Paris, Masson, 1889.

GILBERT BALLET ET DHEUR. — *Sur un Cas de délire de médiumnité*. Annales médico-psychologiques, septembre 1903.

GILBERT BALLET ET MONIER-VINARD. — *Sur un Cas de délire de médiumnité*. Annales médico-psychologiques, septembre 1903.

JULES BOIS. — *Le monde invisible*. 1902.

ALBERT COSTE. — *Phénomènes psychiques occultes*. Montpellier, 1894.

DUPOUY. — *Sciences occultes et physiologie psychique*.

C. FLAMMARION. — *Les forces naturelles inconnues*. « La Revue », novembre 1906.

TH. FLOURNOY. — *Des Indes à la planète Mars*. Etude sur un cas de somnambulisme avec glossolalie. Alcan, 1900.

TH. FLOURNOY. — *Nouvelles Observations sur un cas de somnambulisme avec glossolalie*. Alcan, 1902.

AD. FRANCK. — *La Kabbale ou la philosophie religieuse des Hébreux*. Hachette, 1843.

GRASSET. — *Le spiritisme devant la science*. Masson, 1904.

GRASSET. — *L'Occultisme*. Masson, 1907.

EDM. GURNEY. — *Stages of hypnotic memory*. — Proceedings S. P. R., 1887.

HENNEBERG. — *Etude médico-légale sur les médiums*. Archives fur Psychiatrie, f. 3, 1903.

P. JANET. — *L'automatisme psychologique*. Masson, 1894.

P. JANET. — *Divination par les miroirs*. Bulletin de l'Université de Lyon. Juillet, 1897.

P. JANET. — *L'état mental des hystériques*. Ruef, 1894.

DE JONG. — *Troubles psychologiques causés par le spiritisme*. Société d'hypnologie et de psychologie, février 1904.

JOFFROY. — *Cliniques sur les délires systématisés spirites*. Archives générales de médecine, janvier 1903.

JOSEPH LAPPONI. — *L'Hypnotisme et le Spiritisme*, 1907.

A. MARIE. — *Mysticisme et folie*, 1899.

MARIE ET VIOLLET. — *Spiritisme et folie*. Journal de Psychologie normale et pathologique, n° 4, 1904.

MARIE ET VIOLLET. — *Folie spirite avec automatisme psychique*. Société de psychologie, 9 décembre 1904.

MAXWELL. — *Les Phénomènes psychiques*, 1903.

MOREAU DE TOURS. — *Identité du rêve et de la folie*. Annales médico-psychologiques, 1855.

MOREAU DE TOURS. — *La psychologie morbide.* Masson, 1857.

MURISIER. — *Sentiment religieux dans l'Extase.* Revue philosophique, n⁰ˢ 11 et 12, 1898.

MYERS. — *Human personality.* Londres, 1903.

PLYTOFF. — *Les sciences occultes.* 1891.

REGIS. — *Les régicides dans l'Histoire et dans le présent.* Storck, 1890.

REGIS. — *Précis de psychiatrie.* 3ᵉ édition. Doin, 1907.

SALVERTE. — *Des sciences occultes.*

ED. SELEURE. — *Les grands initiés de l'antiquité.*

SÉGLAS. — *Leçons cliniques sur les maladies mentales.*

STANISLAS DE GUAITA. — *Essais sur les sciences maudites.* Chamuel, 1897.

SURBLED. — *Spirites et médiums.* Amat, 1901.

SURBLED. — *Spiritualisme et spiritisme.* Dourniol, 1898.

THOMA. — *Sur l'état de conscience des médiums.* Centralblatt fur Nervenheilkunde und Psychiatrie. T. XXVI. Nᴵˡᵉ série, t. XIV, 15 décembre 1903.

A. VIGOUROUX. — *Spiritisme et folie.* Presse médicale, août 1899.

A. VIGOUROUX. — *Les délires de Rêve.* Archives générales de médecine, janvier 1903.

GEORGES VITOUX. — *Les Coulisses de l'Au-delà.* Chamuel, 1901.

ALFRED RUSSEL WALLACE. — *Les miracles et le moderne spiritualisme.* Paris, 1892.

YVERT. — *Des délires religieux,* 18.

Table des Matières

9 782012 823037